現場で活かせる
意思決定支援

公益財団法人 **日本知的障害者福祉協会**
知的障害者の意思決定支援等に関する委員会 編

プ/ロ/ロ/ー/グ

「意思決定支援」、ずいぶん耳ざわりの良い言葉です。

「あなたの仕事は何ですか？」と問われて、「わたしの仕事は意思決定支援です」なんて言えば、なにかとても上等なことをしているような雰囲気をかもし出します。

しかし、意思決定支援には「真の意思決定支援」と「見かけ上の意思決定支援」があるから気をつけないといけません。

「真の意思決定支援」とは、志を高く持ち、理想と現実の狭間で常に一歩でも前へ進もうと努力し、それでもかなわぬ思いに常に申し訳なさを感じ、今置かれている状況がいつでも不十分であることを自覚している姿を指します。

「見かけ上の意思決定支援」とは、志がとぼしい上に、今まではこれでうまくやっていたのだから、これからもこの方法で良いという体験主義的な確固たる自信があり、強者（支援者）と弱者（障害者）の関係のなかで伝えられている意思をそのままその人の意思であると鵜呑みにして疑いもせず、今ある支援状況が正しいと他の人の意見を聞こうともしない姿を指します。

「ごはんにふりかけをかけて食べたい！」という意思伝達に、「ほかの人はふりかけをかけずに食べるのだから、ガマンしましょうね」と支援者が答え、それに対し「はい、わかった」と返事があったとき、この支援者は言うでしょう、「わたしは意思決定支援をしている」と。しかし、これは見かけ上の意思決定支援です。

一方、真の意思決定支援とは、「宇宙旅行がしたい！」という意思伝達に、「どうしたら宇宙旅行ができるか、一緒に考えましょう」と支援者が答え、星座やロケットの図鑑を見たり、プラネタリウムに出かけたり、実際にロケットの打ち上げを見に種子島宇宙センターまで旅行したりと、たとえ宇宙旅行がかなわずとも、その人の気持ちに寄り添い、実践を積み重ねることができる姿です。

見かけ上の意思決定支援者は、仕事が増えることが嫌いです。一方、真の意思決定支援者は、仕事が増えることを厭いません。それは、自分が関与しているその人が、自分の支援によって幸せになっていくのを見ることが、この上ない自分の幸せであることに気がついているからです。

いざ行かん！真の意思決定支援の道程を！

目　　次

序　章　今こそ求められる意思決定支援
　　　　　〜権利としての意思決定支援と海外での取り組み〜 ……… 9
　　　　1．自分のことは自分で決める権利－自律の権利 ………… 10
　　　　2．障害者権利条約 ………………………………………… 12
　　　　3．海外の取り組み ………………………………………… 15
　　　　4．さて、どうしますか？ ………………………………… 18

第1章　知的障害者支援の歴史と制度の展開 ……………………… 21
　　　　1．ノーマライゼーション思想の展開と知的障害者支援 … 22
　　　　2．ノーマライゼーションからインクルージョンへの
　　　　　　転換と知的障害者支援 …………………………… 23
　　　　3．地域生活支援に関わる制度の展開と意思決定支援 …… 25

第2章　障害のある子どもからみた意思決定支援 ……………… 29
　　　　1．子どもの福祉に関する法制度及び条約から
　　　　　　意見表明を考える ……………………………… 30
　　　　2．児童発達支援に関わる機関における
　　　　　　意見表明への取り組み ………………………… 34

第3章　意思決定を支援する ……………………………………… 43
　　　　1．障害者の意思決定支援に関する意見 ……………… 44
　　　　2．意見書で示されている意思決定支援とは ……………… 52
　　　　＜コラムⅠ＞意思決定支援は積極的人権擁護 ……………… 58

第4章　支援現場における意思決定支援 ………………………… 61
　　　　1．計画作成と意思決定支援 ……………………………… 62

　　　　（1）サービス等利用計画 ……………………………………… 64
　　　　（2）個別支援計画 ……………………………………………… 74
　　　　　①アセスメントの重要性………………………………………… 74
　　　　　②チーム支援の視点から………………………………………… 84
　　　＜コラムⅡ＞日常生活における意思決定支援 ……………… 90
　　　2．支援現場で必要な意思決定支援 ……………………… 92
　　　　（1）意思決定支援と支援者の姿勢 ………………………… 92
　　　　（2）意思決定支援におけるジレンマ（リスク管理と安全性）… 99
　　　3．情報提供と体験 …………………………………………… 108

第5章 意思決定支援の共通基盤 …………………………… 119
　　　1．利用者の暮らし・活動の基盤が地域にあること …… 121
　　　2．地域の中に必要な障害福祉サービスが
　　　　　　用意されていること ………………………………… 123
　　　3．地域社会において利用者を支える理解と
　　　　　　信頼のネットワークが形成されること …………… 125
　　　4．意思決定支援を支える法・制度の在り方 ………… 127

終　章 意思決定支援とソーシャルワーク ………………………… 129
　　　1．意思決定とその支援 …………………………………… 130
　　　2．ソーシャルワークに基づく意思決定支援の考え方 … 133
　　　3．意思決定支援の方法 …………………………………… 138

資料編 …………………………………………………………… 141
　　○障害者の意思決定支援に関する意見
　　　（公益財団法人日本知的障害者福祉協会）
　　○障害者総合支援法施行3年後の見直しについて
　　　～社会保障審議会障害者部会報告書～ 【抜粋】
　　○障害福祉サービス等の提供に係る意思決定支援ガイドライン
　　○関係法規等 【抜粋】
　　　世界人権宣言／児童の権利に関する条約／障害者の権利に関する条約／障
　　　害者権利委員会　一般的意見第1号／日本国憲法／障害者基本法／障害者
　　　総合支援法／知的障害者福祉法／児童福祉法

発/刊/に/あ/た/っ/て

　このたび『現場で活かせる意思決定支援』を発行することになりました。意思決定支援は、知的障害のある人たちの法的能力の行使を実現するためのとても大切な支援で、障害者の権利に関する条約（以下、障害者権利条約）が求める主要な支援のひとつであると考えています。

　障害者権利条約は21世紀最初の人権条約として2006年12月に国連総会で採択されました。我が国はその７年後の2014年１月に条約を批准しました。この条約は、「わたしたちのことを、わたしたち抜きに決めないで」のスローガンに象徴されるように、障害のある人たちが保護の客体から権利の主体になること、すなわち実質的な平等を獲得していくことを目指しています。同条約の批准により、「すべて人間は、生まれながらにして自由であり、かつ、尊厳と権利において平等である」という世界人権宣言第１条や「すべて国民は、個人として尊重される。」という日本国憲法第13条の条文がぐっと身近になった感があります。

　「障害者の意思決定の支援に配慮」することが改正障害者基本法（2011年）や障害者総合支援法等に規定され、国や自治体、相談支援や福祉サービスの事業者に対して求められるようになったのは、条約批准のために国内法の整備作業が進められている時でした。その後、６年が経過しようとしています。

　この間、国では2015年に社会保障審議会障害者部会において障害者総合支援法の施行３年後の見直しにより、検討課題のひとつである「意

思決定支援の在り方」が審議されました。これを受けて2017年3月には「障害福祉サービス等の提供に係る意思決定支援ガイドライン」が公表されています。

　日本知的障害者福祉協会では、2015年度に特別委員会である「知的障害者の意思決定支援等に関する委員会」を立ち上げ意思決定支援のあり方についての検討を重ね、前述の審議会に「障害者の意思決定支援に関する意見」を提出しました。そして、2016年度にはこの意見書を基にして同委員会で検討を重ね、本書「現場で活かせる意思決定支援」を作成するに至りました。本書が、知的障害のある人たちの支援に従事する関係者の皆さまの意思決定支援理解の良き手引きとなり、その活用によって意思決定支援の取り組みが促進され、利用者と支援者双方の、さらには地域住民とのエンパワメントにつながることを願っています。

　最後に、ご多忙の中を委員会に出席し貴重なご意見を述べて下さり、また本書の原稿作成のための多大な労力を賜りました専門委員、各委員の皆さまに心より感謝を申し上げます。

2017年7月1日

　　　　　　　公益財団法人　日本知的障害者福祉協会

　　　　　　　知的障害者の意思決定支援等に関する委員会

　　　　　　　　　委員長　　田　口　　道　治

今こそ求められる
意思決定支援

~権利としての意思決定支援と
　海外での取り組み~

今こそ求められる意思決定支援
～権利としての意思決定支援と海外での取り組み～

1 自分のことは自分で決める権利 －自律の権利

1 自律の権利

「自律」とは、自分の人生を他人による支配・管理によることなく、人や社会の関わりの中で、様々に模索しながら、自らの決定に基づきコントロールしていくことです。

わたしたちは、生きていく中で様々なことを自分で決めて生きています。今日何を食べる、何をする、どこに住む、誰と住む、どんな仕事をする、誰と結婚する…等々、自分に関わることはすべて自分で決めて自分の人生を「自律的に生きる」ことは、当たり前のことと誰もが思っています。

2 自律の権利の根拠－日本国憲法第13条

日本国憲法第13条（個人の尊重・幸福追求権・公共の福祉）「すべて国民は、個人として尊重される。生命、自由及び幸福追求に対する国民の権利については、公共の福祉に反しない限り、立法その他の国政の上で、最大限の尊重を必要とする。」

この憲法の規定は、私的な事柄については、公権力に干渉されずに自ら決めることができる＝自己決定権を含むとされており、自律の権利は

この自己決定権の一貫として保障されています。つまり、「自分のことは自分で決めること」は、憲法上の権利として、すべての人に保障されているのです。

3 精神上（知的障害、発達障害、精神障害など）の障害のある人の「自律の権利」

わたしたちにとっては当たり前のことである「自律的な生き方」は、精神上の障害のある人たちには、決して当たり前のこととはされてきませんでした。

『自閉症の僕が跳びはねる理由』という本を書いた東田直樹さんは、こう言っています。

「いちばん嫌なのが、わからないからといって、見た目の行動だけで気持ちまで決めつけられることです。答えられなくても、尋ねてくれたらいいのにと、思います。」

「僕について話をしているにもかかわらず、まるで僕がそこにいないかのような態度をされると傷つきます。自分は、その辺の石ころみたいな存在なのだろうか。」(*)

認知症・知的障害・精神障害などの精神上の障害のある人たちに対して、支援者は、一人暮らしは危ないから施設で暮らした方がいいとか、障害が重いのでグループホームで暮らすことはできない等と決めつけたり、本人の意向はさておき、今ある事業所の中から選ぶしかないとして、とりあえずの通所先を選んだりしてきたのではないでしょうか。

もう一度振り返って考えてみてください。

障害のある人たちを「障害により自分で物事を決められない人たち」だとして、「本人のため」にいろいろなことを決めてきたつもりでも、

支援者のしてきたことは、彼らに代わって彼らに関わる物事を決める（代理・代行決定）ことによって、彼らの「自分のことは自分で決める」権利を奪い、彼らのかけがいのない人生を盗んできたことになりませんか。

2 障害者権利条約

1 障害者権利条約の締結

　2006年12月に国際連合で採択された障害者の権利に関する条約（以下、障害者権利条約）では、条約制定過程に障害のある人たちが様々な形で加わりました。障害のある人たちがスローガンとしたのが、

　"Nothing About Us Without Us"

　（わたしたちのことを、わたしたち抜きに決めないで）

　という言葉でした。障害者に関することを決めるときには、障害者が中心となるべきであるというこのスローガンこそ、障害者の自律の権利を主張したものに他なりません。

　2013年12月、日本は、障害者権利条約の締結を国会が承認し、2014年1月に批准し、2014年2月、障害者権利条約は国内的にも効力を持つに至っています。

　障害者権利条約は、障害の定義については、障害は個別の機能障害と社会的障壁が相まって作られるものであるとして、個人の障害に着目する医学モデルから社会モデルへと転換し、障害に基づく差別の中には合理的配慮を行わないことを含むとする等、これまでの障害に対する考え方を大きく変えるものとなっていました。

2 障害者権利条約第12条（法律の前にひとしく認められる権利）

　さて、今、みなさんと一緒に考えようとしている意思決定支援についての定めは、障害者権利条約第12条にあります。

　障害者権利条約第12条１項は、障害者がすべての場所において法律の前に人として認められる権利を、第２項は、障害者が他の者と平等に法的能力を有することを定めています。

　そして、第３項は、障害者がその法的能力の行使にあたって必要とする支援を利用することができるための適当な措置を取るべきことを定めています。

　「法的能力の行使にあたって必要とする支援」こそが、意思決定支援のことです。

　障害者権利条約は、精神上（知的障害、発達障害、精神障害など）の障害により、自分のことを決めることに困難を抱える人たちに対して、その人に代わって誰かがその人のことを決める（代理・代行決定）のではなく、その人が自分自身のことを決められるように支援することを定めているのです。このことは、代理代行決定から支援付意思決定へのパラダイムシフト（その時代や分野において当然のことと考えられていた認識や思想、社会全体の価値観などが革命的にもしくは劇的に変化すること）といわれています。

3 意思決定支援と日本

　日本は、障害者権利条約を締結するにあたって、障害者基本法の改正、障害者総合支援法、障害者虐待防止法や障害者差別解消法等の制定等、国内法の整備をしました。

　改正された障害者基本法第23条１項（相談等）は、「意思決定支援」という文言を条文の中に入れて、「国及び地方公共団体は、障害者の意思決定の支援に配慮しつつ、障害者及びその家族その他の関係者に対す

現場で活かせる意思決定支援 ❋ 13

る相談業務、成年後見制度その他の障害者の権利利益の保護等のための施策又は制度が、適切に行われ又は広く利用されるようにしなければならない。」と定めています。

　そのほかにも、法改正によって知的障害者福祉法第15条の3、障害者総合支援法第42条にも、「障害者の意思決定の支援に配慮」という文言が入っています。

　とはいうものの、法律の文言は極めて抽象的であり、いったい何をどうすればいいのか、よくわかりません。

　相談支援の現場では、障害者本人に聞いてもよくわからないだろうからと考えて、本人を同伴していない家族の相談を受けて障害福祉担当の職員等が本人の福祉サービス等を決めていないでしょうか。あるいは、施設の職員が、限られた時間の中で障害者にわかりやすい言葉や図等によって丁寧に説明することなく、職員に迎合しているだけの本人の様子に何らの疑いを挟むことなく「本人の意思を確認した」としてはいないでしょうか。

　その背景にある考え方は、精神上の障害を抱えた人たちに対して、「意思決定能力がない」ことを前提として、物事を進める態度です。本当にそれでいいのでしょうか。

　障害のある人たちは、「何もわからない人たち」なのでしょうか。

　障害のある人たちに意思決定能力がないのではなく、支援者の側に、障害のある人たちの意思決定を受け止めて理解する能力がないだけなのではないでしょうか。

3 海外の取り組み

　海外では、既に意思決定支援の取り組みが行われています。ここでは、イギリスの MCA（Mental Capacity Act ,意思決定能力法）とサウスオーストラリア州のSDM（Supported Decision Making）モデルを紹介します。

1 イギリスMCA

　2005年４月に成立し、2007年10月に施行されたMCAは、特定の場面で特定の意思決定を自力で行う能力（意思決定能力）に欠ける個人に代わって意思決定をし、行動をするための法的枠組みを定めた法律です。

　この法律には５つの基本原則があります。

○第１原則　意思決定能力があることの推定

　　意思決定能力がないという証拠がない限り、意思決定能力がある

○第２原則　本人に意思決定能力がないと結論づける前に、彼らが自己決定できるようできるだけの支援を行う

　　できるだけの支援としては、例えば、写真、音声、映像等によるわかりやすい情報提供、本人が緊張しない場所、時間帯、人の工夫等がある

○第３原則　賢明でない判断をするというだけで意思決定能力がないとはみなされない

　　例えば、ゴミ屋敷に暮らし健康を損ねてこれ以上一人暮らしは困難と思われる高齢者が、「自宅を離れたくない」と言い張ったとしても、意思決定能力がないとみなすことはしない

現場で活かせる意思決定支援 ✳ 15

○第4原則　本人の最善の利益

　本人に意思決定能力がないと判断された場合、その人のために、あるいはその人に代わって意思決定者が行う行為は、本人の最善の利益のためになされなければならない

○第5原則　本人の自由の制約は、もっとも少ない方法を選ばなければならない

　第1原則の誰に対しても「意思決定能力があることからスタートする」というMCAの考え方は、「何もわからない人たち＝意思決定能力がないこと」からスタートしてきた、わたしたちの考え方とは異なります。

　第2原則の「障害のある人が意思決定できるようできるだけの支援を行う」ということも極めて重要です。これまで、障害のある人たちは、いろいろなことを経験したり失敗したりする機会を奪われてきました。ある物事を決めるにあたって必要な情報も彼らが理解できるような形で提供されてきませんでした。彼らが自分の意思を表明しても、支援者にそれを受け止める能力が欠けていた場合もありました。だからこそ、もう一度、「できるだけの支援」の中身を考えてみなければなりません。

　第3原則は、支援者が陥りがちな間違いの一つを指摘しています。障害のある人がせっかく意思決定をしても、それが「常識に合致していない」、「実現しそうもない」、「本人のためにならない」等々の理由から、そんな意思決定をするということ＝意思決定能力がない、として、家族や職員等々が本人の意思とは違う決定を下すことは間違っているのです。

　第4、5原則は、あらゆる手立てを尽くしても本人に意思決定能力がない場合、他の人が本人に代わって意思決定をする場合の基準を示しています。

　「本人の最善の利益」を見極めるためには、本人がケース会議に参加

すること、本人の生活状況を考慮すること、本人の価値観を見極めること、本人と親しい人から本人のことを聞くこと等により、本人自身ならばどのように意思決定するかを検討することが求められます。

なお、イギリスでは、本人に意思決定能力がないとされた場合、重大な医療行為や入退所を伴う居住地の移転など重大な意思決定が必要となると、IMCA（独立意思代弁人）が選ばれて、IMCAがあらゆる資料を検討して本人に代わる意思決定をする仕組みとなっています。

2 サウスオーストラリア州SDMプログラム

SDMプログラムとは、障害のある人がDecision Maker（意思決定者）として中心に置かれ、意思決定者のExpressed Wish（表出された意思）を受けてミーティングを繰り返しながら、Expressed Wishの実現に向けて取り組むプログラムです。

ここでは一人の意思決定者に対する取り組みを紹介します。

マイケルさんという34歳の男性です。

マイケルさんには、知的障害、学習障害、身体障害があり、車いすを利用しています。ヘルパーサービスを利用しながら一人暮らしをし、作業所で働いていました。彼は怒りやすく鬱気味だったそうです。

彼の不満は、作業所の賃金が安い、頼みもしないのに役割分担を決められた、自分がボスになる仕事をしたい、障害のない人ともつきあいたい、というものでした。

彼の意思を丁寧に聴き取り、彼のExpressed Wishを整理し、その実現に向けた取り組みが行われたのです。

- ・ボスになる仕事については、ビッグイシューという雑誌を売る仕事をし、さらには、キャンドルを売るビジネスにも着手しました。ビジネスを始めるにあたり、中小企業の支援団体の援助も受けました。
- ・障害のない人とも付き合いたいという希望については、オーストラ

リアフットボールのファンクラブに加入することにより、多くの仲間を得ることができました。

彼は、自分の希望を丁寧に聞いてくれたこと、それが実現したことにより、自分を表現する力をつけ、性格も明るくなったといいます。All About Me（みんなが自分のためにいる）という言葉が、彼の実感を表しています。

障害のある人のExpressed Wishを真正面から受けて、どうすればそれを実現できるか、みんなで考え努力することは、簡単そうにみえますが、必ずしもそうではありません。

わたしたち支援者は、つい、「危ない」とか「それは無理」と言ってしまいます。その言葉を言わずに彼らと一緒に考えていくことの大切さをこのSDMプログラムは示してくれます。

4 さて、どうしますか？

もう一度日本に戻って考えてみましょう。

精神上（知的障害、発達障害、精神障害など）の障害のある人から、「結婚したい」「一人暮らしがしたい」「友だちに会いたい」「どこかに行きたい」と言われたとき、あなたは困っていませんか。

本人の考えに対して、「間違っている」とか「こっちの方がいい」というような価値判断をしないことが、はじめの一歩です。本人と家族の意向が異なるとき、どうしますか。

「自分のことは自分で決める」のですから、たとえ家族であっても本

人に代わって本人のこと決めることはできません。それが大原則です。

　精神上（知的障害、発達障害、精神障害など）の障害のある人は、これまで、意思決定の機会を奪われてきました。「さあ、どうぞ」といえば、意思決定ができるわけではありません。わたしたち支援者は、どうしたら、本人が自分のことを自分で決めることができるか、あらゆる支援を尽くさなければならないのです。

　それが、意思決定支援です。

　さっそく始めてみませんか。

文献
・(*) 東田直樹（2012）『風になる－自閉症の僕が生きていく風景』 ビッグイシュー日本　105
・東田直樹（2007）『自閉症の僕が跳びはねる理由～会話のできない中学生がつづる内なる心～』 エスコアール出版部

1

知的障害者支援の
歴史と制度の展開

1 知的障害者支援の歴史と制度の展開

1 ノーマライゼーション思想の展開と知的障害者支援

　北欧、北米諸国の19世紀から20世紀の初めにかけては、知的障害者を社会から隔離して保護する考え方が広まり、その後には教育的な見地から施設の中で生活訓練をする考えが加わって施設設立が急増していったことがいわれています。このような大規模入所施設の設立の盛んな状況は1960年代に至るまで続きましたが、バンク・ミケルセン、ニィリエ、ヴォルフェンスベルガーによって提唱されたノーマライゼーション思想によってこの流れは大きく変化しました。彼らの考えに共通していることは、知的障害者の福祉施策に関して、これまでの入所施設中心の政策についての批判でした。その後、これらの国では、ノーマライゼーションは脱施設化（入所施設を縮小、閉鎖をして、入所者を地域生活に移行していく取り組み）と結びつきながら進められていきました。1960年代後半になると、単に脱施設化を推進するだけでは不十分であり、地域生活支援を中心とした地域福祉サービスをあわせて推進していくコミュニティケアの重要性が政策として認識されていきました。

　日本では、1960年の知的障害者福祉法の制定に至るまで、成人期の知的障害者への制度的な取り組みはほとんどありませんでした。そのため、知的障害者福祉法は成人期の知的障害者施設を法的に位置づけ、

知的障害者に対する福祉サービスの公的な責任を認めた点で重要でした。入所施設の設立はその後の経済成長も加わり増加し、1970年代には、都道府県でのコロニー設立（入所施設群を同一エリアに設立し、一貫したケアをする取り組み）によって推進されていきました。その後、ノーマライゼーションの理念を前面に出した「国際障害者年」（1981年）の影響により、日本でも変化が生じました。具体的には、1989年の「知的障害者地域生活援助事業」（現在の共同生活援助）におけるグループホームの制度化は、知的障害者の入所施設と家庭以外の居住の場を作り出した点で重要でした。

2 ノーマライゼーションからインクルージョンへの転換と知的障害者支援

　ノーマライゼーションからインクルージョンへの理念の転換に大きな影響を与えたのは、国連で2006年に成立した「障害者の権利に関する条約」（以下、障害者権利条約）です。この条約の第3条の一般原則の中に「社会への完全かつ効果的な参加及び包容」があり、前半の「社会への完全かつ効果的な参加」はノーマライゼーションの理念である「完全参加と平等」とほぼ同義であり、「包容」はインクルージョンの理念を追加しています。インクルージョンは障害のある人の個別性を重視しつつ権利の平等を目指すことを意味しており、そのような社会を現行の障害者基本法では「共生社会」と呼んでいます。

　2009年には、政府によって当事者委員が半数以上を占める「障がい者制度改革推進会議」（以下、推進会議）が内閣府に設置されました。

推進会議では、障害者権利条約の批准と国内法の整備、障害者基本法の改正、障害者差別禁止法、障害者自立支援法に代わる新法の制定などの検討が行われました。

推進会議の第1次意見書（2010年6月）の内容は、障害者基本法の改正、障害者差別禁止法の制定、障害者自立支援法に代わる新法の制定などに加えて、障害者施策関連分野（労働・雇用、教育、所得保障、医療、障害児支援、虐待防止、建築物・交通アクセス、情報アクセス・コミュニケーション、政治参加、司法手続、国際協力など）の法制度に関しての検討を行いました。その後、障害者権利条約の批准に必要な障害者基本法の改正案として「推進会議」の第2次意見書が2010年12月にまとめられました。その結果、2011年に改正成立した障害者基本法では、「障害者」の定義を「身体障害、知的障害、精神障害（発達障害を含む）その他の心身機能の障害（以下「障害」と総称する）があるものであって、障害及び社会的障壁により継続的に日常生活又は社会生活に相当な制限を受ける状態にあるものをいう」としました。「社会的障壁」とは「障害がある者にとって日常生活又は社会生活を営む上で障壁となるような社会における事物、制度、慣行、概念その他一切のものをいう」としました。また、「地域社会で生活する平等の権利」では、「全ての障害者は、可能な限り、どこで誰と生活するかについての選択の機会が保障され、地域社会において他の人々と共生することを妨げられないこと」としました。

障害者権利条約の中で重視された「合理的配慮」に関しては、「社会的障壁の除去は、それを必要としている障害者が現に存在し、かつ、その実施に伴う負担が過重でないときは、それを怠ることによって前項（差別と権利侵害の禁止規定）の規定に違反することがないよう、その実施について必要かつ合理的な配慮がなされなければならない」としました。

その後、政府は2014年1月に国連で条約に批准し、同年2月に国内で条約が発効し、国内においても障害者権利条約の定める事項が国内法

と同等以上の効力を持つことになりました。

3 地域生活支援に関わる制度の展開と意思決定支援

　障害者権利条約第12条「法の前に等しく認められる権利」で、第2項において、「締結国は、障害者が生活のあらゆる側面において他の者との平等を基礎として法的能力を享有することを認める」、第3項では「締結国は、障害者がその法的能力の行使に当たって必要とする支援を利用する機会を提供するための適当な措置をとる」としています。この条文の意味することは、どのような障害者においても法的な能力を有し、法的な能力のないことを前提とした本人以外の者による代行決定の制度を見直し、それに代わる支援付きの意思決定を強調しています。日本知的障害者福祉協会では、本書にあるように2015年に「意思決定支援」についての考え方の整理を行い、その整理の中で「意思形成支援」、「意思表出支援」に立った上で「意思決定支援」が成立することを示しています。このことは、障害者に対する情報保障（わかりやすい情報にすることも含めて）、意思表出しやすい状況、環境への配慮など、これまでの障害福祉制度で十分な検討がなされていなかった問題に関しての制度の整備や実践現場での取り組みの必要性を明確にしました。

　障害者総合支援法施行3年後の見直しの中でも意思決定支援は論点の一つになっていました。社会保障審議会障害者部会では、2015年12月に障害者総合支援法施行3年後の見直しに関する報告書をまとめ、公表しました。この報告書では、総論として、「新たな地域生活の展開」「障害者のニー

ズに対するきめ細かな対応」「質の高いサービスを持続的に利用できる環境整備」の3つの柱が提起されています。「新たな地域生活の展開」では、さらに、「本人が望む地域生活の実現」「常時介護を必要とする者等への対応」「障害者の社会参加の促進」の項目が示されています。「障害者のニーズに対するきめ細かな対応」では、「障害児に対する専門的で多様な支援」「高齢の障害者の円滑なサービス利用」「精神障害者の地域生活の支援」「地域特性や利用者のニーズに応じた意思疎通支援」の項目が示されています。「質の高いサービスを持続的に利用できる整備」では、さらに、「利用者の意向を反映した支給決定の促進」「持続可能で質の高いサービスの実現」の項目が示されています。

　意思決定支援に関しては、総論部分の「新たな地域生活の展開」と、より詳細な各論部分の「障害者の意思決定支援・成年後見制度の利用促進の在り方について」の中に記載があります。「本人が望む地域生活の実現」の中では、地域生活支援拠点の整備、グループホームにおける重度障害者への地域支援に対応可能な体制整備があげられています。

　意思決定支援は、利用者中心の相談支援を促進していくことに関係が深いため、ここでは、この報告書のうち多岐にわたる論点の中で書かれている相談支援に関する記載をもとに、相談支援を通して意思決定支援のあり方についてより詳しく考えてみます。

　計画相談支援の質については、利用者の最適な支援につなげることを目的とし、相談支援専門員の確保と質の向上に向け、実地研修（OJT）の実施を含んだ研修制度、指導的役割（スーパービジョン）を担う人材（主任相談支援専門員）の育成が指摘されています。また、相談支援の人材育成に関して、意思決定支援ガイドラインを活用した研修の実施、相談支援専門員、サービス管理責任者の研修のカリキュラムに位置づける必要が指摘されています。さらに、「親亡き後」に向けて、適切な助言を行い、当該障害者を支えるためのチームづくりを主導するため、主任相談支援

専門員を位置づけることが指摘されています。

このように、この報告書では意思決定支援に関わる職種として、相談支援専門員とサービス管理責任者を重視していますが、その他、直接支援に携わる職員も普段の業務の中で意思決定支援に取り組むことは重要です。

ただし、このような取り組みには、相談支援専門員やサービス管理責任者に求められているようなケアマネジメント能力が必要です。ケアマネジメントは、利用者とのインテーク（面接及び主訴の聞き出し）、利用者のニーズの記述と把握（アセスメント）、ケアプラン作成能力、サービス調整、利用者の自己決定の支援、利用者のエンパワメントの強化、モニタリング、アドボカシーから構成されます。このケアマネジメントに必要な能力に対応して相談支援専門員に必要な専門性は、インテークにおける面接及びコミュニケーション能力、アセスメントにおける正確で重要な情報収集の能力および利用者のケアプラン作成への参加を促進する働きかけの能力、サービス調整における社会資源の内容理解力、利用者の主体性（エンパワメント）を重視する能力を身につける必要性があります。

都道府県によっては、人材育成ビジョンを作成し、現行の相談支援従事者の初任研修、現任研修に加えて、ケアマネジメントを高めるための都道府県独自の専門別研修を実施しているところもあります。今後、相談支援専門員にかかわらず意思決定支援に関わる職員に対して、全体的な視点で人材育成ビジョンを示していく必要があります。本書は意思決定支援に関わる人材育成の方向を示す上で重要な役割を果たすものと思います。

文献

・小澤温（2014）第1章　知的障害者福祉の理念と歴史，日本知的障害者福祉協会編『知的障害者福祉総論』，日本知的障害者福祉協会，4-43
・池原毅和（2010）第12章　法的能力，松井亮輔・川島聡編『概説　障害者権利条約』，法律文化社，183-199

2

障害のある子どもからみた
意思決定支援

障害のある子どもから みた意思決定支援

1 子どもの福祉に関する法制度及び 条約から意見表明を考える

　障害児入所支援、障害児通所支援及び障害児相談支援を提供する機関（以下、「児童発達支援機関」とする。）における子どもの意思決定支援についての考え方を整理します。

　障害のあるなしにかかわらず、子どもは、心身の成長の途上にある存在であり、それに伴って意思能力についても成長していくものです。児童福祉施設では意思能力を成長させるために意見表明を尊重した対応が必要とされているので、児童発達支援機関での支援についてもこれを基にして考えます。

1　子どもの福祉の理念として

　児童福祉法は、2016年の改正で、子どもが権利の主体であることが理念規定に置かれることとなりました。この理念規定は、1947年の児童福祉法制定以来改正されておらず、児童が権利の主体であり、最善の利益が優先されることなどが明確でないといった課題が指摘されていたことを踏まえて改正されました。

　この法律の最初の言葉には主人公たる「児童」が置かれています。この言葉の配置にも子どもが主人公の法律であり、子どもを真ん中に据え

るとのメッセージが強く伝わってきます。そして、「児童の権利に関する条約の精神にのっとり」と続き、子どもにも基本的人権があり、保障されることを改めて宣言しています。

　また、第2条では、「児童の年齢及び発達の程度に応じて、その意見が尊重され」とうたわれており、全ての子どもの成長及び発達に関して日々の生活も含めたあらゆる場面において子どもの意見を尊重するとされたものと考えられますが、今般、児童福祉法の理念として位置づけられたことにより一層の取り組みが求められます。

　子どもの福祉に関する仕事に従事する者として、この理念を理解して実行しなければなりません。

（表1）児童福祉法理念規定新旧対照表　（抜粋）

改正後（2016年）	改正前
第一条　全て児童は、児童の権利に関する条約の精神にのっとり、適切に養育されること、その生活を保障されること、愛され、保護されること、その心身の健やかな成長及び発達並びにその自立が図られることその他の福祉を等しく保障される権利を有する。	第一条　すべて国民は、児童が心身ともに健やかに生まれ、且つ、育成されるよう努めなければならない。 2　すべて児童は、ひとしくその生活を保障され、愛護されなければならない。
第二条　全て国民は、児童が良好な環境において生まれ、かつ、社会のあらゆる分野において、児童の年齢及び発達の程度に応じて、その意見が尊重され、その最善の利益が優先して考慮され、心身ともに健やかに育成されるよう努めなければならない。 2　児童の保護者は、児童を心身ともに健やかに育成することについて第一義的責任を負う。	第二条　国及び地方公共団体は、児童の保護者とともに、児童を心身ともに健やかに育成する責任を負う。

3　国及び地方公共団体は、児童の保護者とともに、児童を心身ともに健やかに育成する責任を負う。	
第三条　前二条に規定するところは、児童の福祉を保障するための原理であり、この原理は、すべて児童に関する法令の施行にあたつて、常に尊重されなければならない。	第三条　前二条に規定するところは、児童の福祉を保障するための原理であり、この原理は、すべて児童に関する法令の施行にあたつて、常に尊重されなければならない。

2　子どもの権利条約は、意見表明のスタートライン

　児童福祉法の理念規定に置かれた「児童の権利に関する条約」(以下、子どもの権利条約)は、18歳未満のすべての人の保護と基本的人権の尊重を促進することを目的として、1989年の国連総会で採択されたものです。この条約は、今なお世界中に貧困、飢餓、武力紛争、虐待、性的搾取といった困難な状況におかれている子どもがいるという現実に目を向け、子どもの権利を国際的に保障、促進するため作成されました。わが国は1990年9月にこの条約に署名し、1994年4月に批准、同年5月に効力が発生しました。

　子どもの権利条約第12条第1項(資料編掲載)において、「その児童に影響を及ぼすすべての事項について自由に自己の意見を表明する権利を確保する。」と意見表明権が規定されていますが、その前に「自己の意見を形成する能力のある児童が」の文言があり、能力によって制約がかけられたようにうつります。その懸念は、第1回委員会報告の政府見解「憲法第13条が個人の尊厳の尊重について、また、同第19条が思想及び良心の自由、さらに同第21条が表現の自由について定めており、児童に対しても自己に影響を及ぼす事項について自由に意見を表明する権利が保障されています。」との報告で払拭されます。

　また、第2項において「自己に影響を及ぼすあらゆる司法上及び行政

上の手続において」意見を聴取されることとされ、自己に影響を及ぼす司法上及び行政上の決定又は措置に関する手続のうち一般に意見聴取の機会が設けられている事項については、子どもに対しても意見表明の機会が保障されており、そのような事項の決定又は措置に当たっては、子どもの最善の利益が主として考慮されています。

行政上の手続きに関して、子どもの福祉分野に限っていえば、1997年の児童福祉法の改正において、「児童の家庭環境並びに措置についての子ども及びその保護者の意向」が追加され、児童相談所運営指針では、「子どもの援助の決定に当たっては、子どもや保護者等に対し児童相談所の援助方針等について個々の年齢や理解力等に配慮しながら十分な説明を行い、その意向を把握するよう努める。」とされており、自己の将来に影響する局面においても子どもの意向を尊重することが制度化されています。

なお、ここでは「意向」という文言が使われていますが、「意見」「意向」「意思」など種々の文言が出てきます。児童相談所運営指針では、「「意思」が法的な意思形成能力に裏付けられた概念であるのに対し、「意向」は「意思とまでには至らない志向、気持ち」といった意味であると規定されています。

③ 障害者権利条約は、障害のある子どもの意見表明のセカンドステージ

障害者権利条約の子どもに関連する部分は、前文において、「(r) 障害のある児童が、他の児童との平等を基礎として全ての人権及び基本的自由を完全に享有すべきであることを認め、また、このため、児童の権利に関する条約の締約国が負う義務を想起し、」としつつ、第7条に「障害のある児童」についての規定が置かれています。

子どもの権利条約の条文が基となり、障害者権利条約においては、「締

約国は、障害のある児童が、自己に影響を及ぼす全ての事項について自由に自己の意見を表明する権利並びにこの権利を実現するための障害及び年齢に適した支援を提供される権利を有することを確保する。（以下略）」と規定されました。特筆すべきは、他の児童と平等であることを基礎として、意見を表明する権利に加えて意見を表明するための支援を受ける権利を有することが盛り込まれていることです。他の条文において合理的配慮が規定されていますが、ここではより具体性をもって意見表明権を保障する支援を提供しなければならないことが規定されています。

　以上をまとめると、日本では、第二次世界大戦の敗戦後に制定された児童福祉法が基礎になり、その後の児童憲章、児童人権宣言、国際児童年等により子どもの保護及び健全育成が推進されてきました。平成元年に国連総会で採択された子どもの権利条約を1994年に批准、**2014年**に障害者の権利条約を批准、2016年に児童福祉法の理念規定が改正され、子どもを主人公とした"子育ち"が保障される時代へと進化を遂げています。求められる時代のニーズは、明らかに変化していることを理解し、子どもの支援をする必要があります。

2 児童発達支援に関わる機関における意見表明への取り組み

　児童発達支援機関の各種事業の運営に際しては、それぞれの事業の「運営に関する基準」において、保護者及び子どもの意向、子どもの適性、

障害の特性等を踏まえた支援計画を作成、実行する旨がうたわれています。子どもの権利に関しては、「虐待等の禁止」や「懲戒に係る権限の濫用の禁止」、支援に関しては、子どもの状況や適性等に配慮して行う旨が規定されています。

　また、障害児相談支援事業の運営に関しては、「障害児又は障害児の保護者（以下「障害児等」）の意思及び人格を尊重し、常に当該障害児等の立場に立って、行われるものでなければならない。」と規定されており、子どもの意見表明権を尊重した支援を行う必要があります。

1　児童発達支援センターにおける取り組み

　児童発達支援センター（児童発達支援事業を含む）では、子どもの個々の状態を考慮し、心と体が健やかに成長及び発達する環境を設定し、情緒の安定、認知機能の向上、物事への興味・関心を育て、知識を蓄え、これらの知識を使いこなせる技能を身に付け、身体機能の向上、体力の増強等が図られるよう発達心理学、教育学、医学等に裏打ちされたプログラムを柱にして児童発達支援に取り組んでいるものと思います。各センターのプログラムに関しては、それぞれに考え方があると思いますが、共通することは、子どもを真ん中において、子どもを主体として、声なき声も含めた意見を尊重して育成に努めることです。

①能動的な動きを大切に育てる

　障害のある幼児には、意欲、自主性を育てるためにどのように関わればよいのでしょうか。

　生後間もない赤ちゃんは、泣き声で、空腹や排泄の不快感、病気等を知らせます。親は、泣き声をもとに総合的に判断して子どもに必要なものを返します。また、成長とともにアイコンタクト、顔の表情、手足の動き、体全体の動作から思いを汲み取り、返すというキャッチボールを

現場で活かせる意思決定支援 ✿ 35

経て、言語コミュニケーションへと成長していきます。赤ちゃんの能動的な動きに親が応答することで自主性が培われ、自己主張が芽生え、伸張します。親は、この間、寝食さえ二の次にして子ども中心の生活を送ることで子どもが安心できる環境を作り、子どもの変化（ニーズ）に即座に応えることを繰り返し、心身の急速な成長及び発達を支えています。

　支援場面においては、一人ひとりの子どもに関わる時間を十分に取り、子どもができること、できないこと、できそうなこと、そしてこれらが能動的か、受動的か、といった多様な面を捉えることが大切です。

　これらの行動のなかで能動的な面に着目し、それを活用して能力を伸張してあげる必要があります。例えば、トランポリンで遊ぶことが好きな子どもの場合には、トランポリンを活用して、遊びの端緒、遊ぶ場所、利用する遊具の名称等について言葉やサイン、絵カードなどにより意味づけ、認識を深め、コミュニケーションや意思表示のツールとして使えるように発展させていくわけです。

　実際は、障害のある子どもの成長と発達は、障害のない子どもと比較するとゆっくりしています。それぞれの段階に応じて時間をかけた丁寧な支援が必要です。

②子どもを知ること

　子どもの能動的な動きや意思を尊重するためには、まず、子どもをよく知ることが必要です。

　子どもを知る方法は、客観的に子どもの状態を知るための標準化されたアセスメントと、職員の専門性に立脚した日々のアセスメントがあります。

　標準化されたアセスメントは、個別支援計画の作成において土台となるもので、事前の面接等で得られた保護者と子どもの意見や意向、家庭の状況等とともに重要な情報です。

支援の開始段階では、標準化されたアセスメントの結果が子どもを知るうえでの拠り所となりますが、支援の開始とともに子どもの生の姿を知るための職員による日々のアセスメントの重要性が増します。子どもの状態像を迅速かつ的確に把握しなければ、その後の日々の子どもの変化（成長及び発達）も見えず、気づけなくなってしまいます。専門職は、研ぎ澄まされた感受性や洞察力を身に着けて日々のアセスメントを行うことが重要です。

　例えば、

・音楽が流れると、目元、口元が緩み、笑みがみられる。

・アンパンマンのおもちゃを見つけると取りに行く。

・イチゴを口にするときは、口の動きがよく、りんごは吐き出す。

・大きな音がすると耳を手で押さえる。

・欲しいものがあると職員の腕を取ってとらせる。

　といったような、子どもの目の動き、開き方、口元の緩み、動き、声の出し方（声量、声質）、繰り返す、何度も要求する、泣く、その場から離れる、ずっと居続ける、自ら見に行く、触りに行くといった細やかな変化や行動には、好き、嫌い、嬉しい等といった意思が存在することを読み解かなければなりません。そのためには、子どものことをよく知ることがなにより重要になります。

③意見を表明する力を育てる

　意見を伝えることは、障害のない子どもにとっても難しいことですので、障害のある子どもにはより丁寧な支援が必要です。

　障害のある子どもの支援では、能動的な動きを大切にすることを先述しましたが、成長とともに興味や関心、得意なことがはっきりしてくるので、それらを知り（アセスメント）非言語又は言語によるコミュニケーションへと発展させていきます。

現場で活かせる意思決定支援 ※ 37

ある施設の通園部門では、遊びの時間に子どもが好きなおもちゃを選択する場面をつくり、自分の使いたいおもちゃを示し、それを取って欲しいことを伝えることをしていました。

ⅰ）手の届かない高さに陳列棚を設け複数のおもちゃを置く

ⅱ）個々のおもちゃにマッチする絵カードを準備する

ⅲ）遊びたいおもちゃの絵カードを取る

ⅳ）職員に見せに行き、取ってもらう

　という行動を通して意思表示（意見表明）をすることを育んでいました。

　行動は、最後まで見届けて共感や賞賛することによって強化されていきます。意見表明の力を育てるには、最後までじっくりと付き合うことも忘れてはならない大切なことです。

② 放課後等デイサービスにおける取り組み

　放課後等デイサービスは、運営に関する基準に加え「放課後等デイサービスガイドライン」が定められており、「子どもの最善の利益の保障」の項目で「放課後等デイサービスは、〜（中略）〜支援を必要とする障害のある子どもに対して、学校や家庭とは異なる時間、空間、人、体験等を通じて、個々の子どもの状況に応じた発達支援を行うことにより、子どもの最善の利益の保障と健全な育成を図るものである。」とされていることに留意することが必要です。

　特に、言語コミュニケーションによる意見や意思を伝えることが可能な子どもの利用も多いので、グループによる話し合いや意見交換などにより自分たちで方針を決めて活動することも行われています。

　児童発達支援センターの項で記載したように、子どもの現在の状態を知り、何を欲しているのかを理解して、成長や発達に必要な支援や環境

を作ることが大切です。

3 福祉型障害児入所施設における取り組み

　福祉型障害児入所施設は、最近の傾向として児童虐待や親の養育力不足の環境で育った知的には中軽度の子どもの入所が一定人数あることや、小学校高学年まで自宅で頑張ってきたが行動障害が著しくなって入所する等、愛着障害や強度行動障害のある子どもへの対応など支援の幅が求められています。

　意見表明に関する支援は、子どもを成長させ育成する基本的な取り組みであるため、児童発達支援センターで記載した内容と共通しています。一方、入所型施設では、24時間の生活であることや年齢に幅があるなどの相違点もあります。

　なお、医療型の障害児入所施設においても、子どもの権利保障についての基本的な考え方は同様です。

①意見を表明する機会を大切にする

　障害児施設への入所は、子どもにとって親や家族から離れて生活しなければならないという自己に及ぼす影響が大きい重大な決定です。子どもが児童福祉施設へ入所する際には、児童相談所は子どもの意向を確認しなければならないとされています。子どもは、施設入所の入り口で、最初にして最大の決定に関し意向を示さねばなりません。児童相談所が意向を確認する立場ですが、施設の側でも見学の際等に施設の概要や生活に関して丁寧に説明し、子どもの言動や表情、態度等の反応をチェックしてその意向を汲み取るなど、意見表明の機会を協働して作ることが大切です。

　障害児入所施設での生活が始まる段階では、生活の流れ、権利やルールの説明、室内等の案内、職員の紹介等を丁寧に行います。この際、年

齢や発達状況に応じて写真や簡潔な説明文で作ったインフォメーションブックなどを使うこともあります。この機会も、職員から子どもに用件を伝える一方向のものではなく、双方向のものであり、子どもにとっては意見表明の場となります。

　また、ひと昔前には、施設は大人数での生活が一般的でしたが、昨今は少ない人数で生活する小規模ユニットでの生活へと転換が進んでいます。少ない人数での生活は、家庭的な雰囲気の中で、子どもと職員及び子ども同士の関係性が築きやすく、相互にコミュニケーションが取りやすい環境となっています。そのため、子どもの意見を聞く場面は数限りなく存在しており、24時間起居をともにする生活の中で、話す言葉、行動、表情等から汲み取ることはもちろん、個別的に外食や買い物、帰宅、学校行事等の計画、反省等について話す機会を作ることや、複数の子どもによって構成する給食会議、実行委員会等の意見を出す機会等を作ることも考えられます。

②意見を表明する力を育てる

　意見表明の機会は日常生活の随所に存在していますが、子どもの状態に適した方法の選択が必要です。例えば、食事に関しては、献立へのリクエストから、パンにするかご飯にするのか等の選択場面をつくる、パンしか選択の余地がなかったとしてもジャムにするかバターにするかの選択場面等を工夫してつくるなど、意見を出し、それが実現するプロセスを体験することが重要です。

　非日常の場面では、外出の計画を立てることや実行することも生活に見通しをもつことに繋がり、意見表明に有効な体験となります。計画段階では、事前に場所や目的、交通手段等について説明し、子ども本人の意見を聞くことができますし、実行時の外出先での種々の活動や、帰ってからの反省、次回への意見等と展開が期待できます。日常生活の中で、

子どもに向き合ってじっくり付き合うことが、意見表明の力を育てることに他ならないのです。

4 障害児相談支援事業における取り組み

　相談支援場面では、子どもが何に困り、どうしたいのか、また、家族はどのように思っているのか、相互のズレはないのか、あるとしたらどこにあるのか等を常に意識しながら相談を展開します。子どもは、保護者が何を相談しているのか理解していなかったり、困っていることをうまくいえなかったりします。生活の希望を伝えることなどは、子どもにとってさらに難しいことです。

　そのような中で、まずは子どもの権利を認め、できる、できないではなく、子どもが話すことを尊重し、受け入れ、子どものペースに合わせてじっくりと聞き、余暇等を一緒に体験しながら、何に興味があるのか、楽しそうか等の行動を観察し、意見表明が難しかったり表明内容が不明確なことに対して真の希望を絞り込む作業を行います。

　また、子ども中心で相談支援を進めていくと、相反して家族の要望や想いとのズレが生じることがあります。家族は子どもを尊重していても、上手くいかない現状を迅速に解決して欲しいと願っている場合もあり、本人の意思とのズレが生じます。また、成長を願っているものの、親としてどうしても手をかけざるを得ないことが多々あるため、子どもの成長過程の中で大切な社会性や自立心の獲得等にブレーキをかけてしまうこともあります。

　そのため、子どもの意見を尊重していくプロセスでは、保護者に対して子どもの成長度合いや、本人の自己決定が大人になった時にどのように影響していくのか、また、社会体験を繰り返すことで社会性の獲得が意味することを相談支援の中で丁寧に説明していくことも必要となります。

この章で論じてきたことをまとめると、障害のある子どもの意見表明権は、子どもの権利条約、障害者権利条約、今般の児童福祉法の改正と30年近い歳月を掛けて、しっかりとした枠組みが組まれてきました。この枠組みを理解して、子ども達の支援に生かすことが児童発達支援の現場を任された専門職の力量であり、努めです。私たち支援者が日々向き合っている子ども達が成長して大人になった時、意思決定が円滑にできる人となるように、意見表明権を尊重した支援を続ける必要があります。

3

意思決定を支援する

3 意思決定を支援する

1 障害者の意思決定支援に関する意見

　本書は、資料編に掲載した「障害者の意思決定支援に関する意見」（以下、意見書）を基に編集しています。この意見書は2015年、日本知的障害者福祉協会（以下、当協会）に特別に設置された「知的障害者の意思決定支援等に関する委員会」（以下、特別委員会）における検討から誕生しました。そこで、本節ではこの特別委員会の経緯と意見書の内容、さらには今後の意思決定支援の取り組みに対する期待などについて述べます。

1 特別委員会と意見書
①経緯
　特別委員会は、その設置が2015年３月開催の当協会理事会において承認され、「意思決定に配慮された支援」等について検討し、必要な提言を行うことなどを目的に同年５月にスタートしました。
　委員会当初の主な意見には次のようなものがありました。
◇　どんなに重い障害がある人も"意思"がある。ここがスタート・原点
◇　意思決定の支援に"配慮"するだけでなく、次の段階として"取り組む"ことや"実行"することが大切

◇　日常場面で悩むのは、ほんとうに本人の意思なのか、確認できるのかということ。そこに至っていないところで計画ができているのではないか

◇　意思決定支援は要するに意思をどう汲み取っているのかということ

◇　意思が形成されていく過程の支援が極めて重要である

◇　様々な経験や体験、選択の機会などが、幼少期から有ったか無かったかで、成長した後が全く異なってくる

◇　意思形成のプロセスに本人が関与していくことが極めて大切、結果ではない

◇　支援者が一人で判断するのではなく、チームで決めていくこと、決定の透明性が必要となる

　このように、意見書の核となる意見が活発に出されました。

　「意思決定に配慮された支援」は論点が多岐にわたるため、特別委員会では次の2つのことに重点を置いて検討を進めました。

ア．「社会保障審議会障害者部会に対し、現行法制度のもとで意思決定支援を施策につなげ、いかに反映するかに重点をおいた提言ができるように検討する」

イ．「提言を施策に反映するためには、根拠となる考え方や実践に基づいたモデルをわかりやすく示す必要があることから、意思決定支援の具体的な手順、仕組みづくりについて検討する」

　特別委員会は5月から8月にかけて5回開催され、意見書は2つの重点事項の趣旨に沿ってとりまとめられています。

②意見書のねらい

　意見書では、わが国の法制度に意思決定支援の必要性が位置づけられたことの意義、さらには障害者権利条約第12条による意思決定支援の

根拠などについて言及しました。同条約批准後は、知的障害のある人が自己の意思決定のために支援を受けることができるようになり、自分の暮らしや人生を自分で決めて生きることができるようになりました。

　また、知的障害のある人たちの意思決定支援について、その考え方をまとめました。これまで保護の客体とみられてきた知的障害のある人たちが、意思決定支援によって権利の主体へと転換していくことを説いています。

　意見書では、意思決定支援への「配慮」からさらにステップアップして実際の「取り組み」の必要性を強調しています。権利条約採択から10年以上が経過し、障害者総合支援法施行後5年目を迎えています。意思決定支援は「配慮」から具体的な実行の段階に入っています。また、本人参画が原則であることを徹底することにも多くの字数を割いています。サービス等利用計画や個別支援計画など各計画作成過程に本人が参画することによって、本人が主体であることの実現に一歩近づくことになります。そして、今後知的障害のある人たちの日常生活場面や社会生活場面における意思決定支援を充実させていくことと、そのための体制整備が必要であることを述べています。

③社会保障審議会への提出と国のガイドライン

　障害者総合支援法施行3年後を目途とした見直し検討事項は、2015年4月から開始された社会保障審議会障害者部会（以下、審議会）で審議され、意思決定支援のあり方等については同年9月の第69回部会において取り上げられました。この時の審議会に当協会からの意見書を提出しました。

　審議会による3年後見直しの報告書は、同年12月14日の第79回部会で取りまとめられ、今後の取り組みとして「意思決定支援ガイドライン（仮称）」の作成や相談支援専門員、サービス管理責任者等の研修に意思

決定支援を位置づけること、あるいは障害福祉サービスの具体的なサービス内容の要素として意思決定支援が含まれる旨を明確にすべきことなどに言及されています。この他、障害者の意思が適切に反映された地域生活を実現するために、障害福祉サービス提供主体が意思決定支援に取り組む必要性が説かれています。

　この報告等を受け、2017年3月に厚生労働省から「障害福祉サービス等の提供に係る意思決定支援ガイドライン」が示されました。（資料編掲載）

2　意思決定支援の取り組みに向けて

①意思決定の主体

　前述のように委員会の最初の議論は、どんなに重い障害のある人にも「意思がある」「意思決定能力がある」ということから始まりました。支援にあたっては、ここを原則とすべきことを確認しました。すべての人は意思決定をしており、意思決定の主体は本人です。決して支援者ではありません。本人の視線に立つことを常に心がけ、確認された本人の意向や選好を周囲に発信していくことも支援者の大きな役割としました。

②計画作成過程への本人参画

ア．本人参画

　意見書では、障害福祉サービスを利用する本人が生活の主体者となるためには、各計画作成プロセスに本人が参画することが欠かせないことを説いています。

　当協会の倫理綱領において「知的障がいのある人たちの、一人の人間としての個性、主体性、可能性」を尊重することが掲げられ、同じく当協会の『知的障がいのある方を支援するための行動規範』においても、「支援者としての職務を自覚し、利用者の自己選択権、自己決定権を重んず

ること」「利用者の意向を確認せず、支援者の価値判断を一方的に押し付けるなど、支援者の都合を優先させるような支援を行ってはならない」ことが定められています。

　本人の参画を得てその意向を踏まえた計画を作成する必要があります。

イ．プロセス、手続の尊重

　意思決定支援においては、ケアマネジメントプロセスに本人が参画することが必須となります。計画作成時における意思決定のアセスメントの必要性と、サービス体験利用をアセスメントの一環と位置づけることも求められ、これらがシステム化されることを望みます。また、支給決定においても本人の意思を踏まえることはいうまでもありません。計画作成過程においては、手順や適正な手続きが基本となります。

③体験や経験に基づく実践事例の蓄積

ア．基本となる原則など

　意思決定支援を進めるには、障害者権利条約第3条の一般原則、エンパワメント^(＊2)、インクルージョン、パターナリスティック^(＊1)な関わりへの自覚と抑制など、踏まえておくべきいくつかの原則があります。特に、障害者権利条約第3条の一般原則は、尊厳、自律・自立の尊重を一番目に掲げています。意思決定は人間存在の核心部分であり、意思決定が奪われることはその人の自由も奪われることです。意思決定が当然のようにできることが、人間の尊厳が確保されることでもあります。

イ．日常生活場面、社会生活場面における意思決定支援の充実

　支援者が利用者と関わるのは日常生活場面や社会生活場面です。意思

---

^{(＊1) (＊2)} P.59に注釈あり

決定は他者との関係の中で行われています。意見書では、意思形成支援、情報の提供、意思表出の支援、コミュニケーション方法の工夫、チームによる支援など意思決定支援過程における主なポイントを挙げました。こうした支援が日常生活や社会生活のあらゆる場面で展開されることが望まれます。委員会では体験、経験の重要性が強調されました。これらの実践例の積み重ねが大切になってきます。

　意思決定支援に基づいた実践事例が豊富にあるわけではありません。本書では先駆的に取り組んでいる事業所の実践が紹介されています。また、意思表示の弱い人は、その意向を軽視、無視されることがあり、これが人間としての存在の否定につながることになります。

　また、意思決定支援に取り組むことにより虐待などの権利侵害が減少しているといわれています。意思決定支援が深まることで、困難がどこにあるのかが明らかにされ、その解決法を支援者が共有しあい、さらに改善されていく、このようにして本人の主体性が高められていくことが期待されます。

　意思決定支援が配慮にとどまらず具体的に取り組まれるためには、平等の新しい地平を切り拓いていこうとする周りの人たちの意識改革と、法整備や障害福祉サービス等のさらなる充実など意思決定支援を支える体制の整備も必要となります。

③ 期待される相互のエンパワメント〜自分らしさを発揮する〜

①自分らしさの発揮

　意思決定支援は前述のように、情報の提供の仕方や受け止め方を工夫して、知的障害のある人たちが保護の客体から権利の主体への転換を図ることを目指しています。意思決定支援が進むことにより何が変わるのでしょうか。まず、利用者のことをわかろうとする支援者の姿勢が変わるはずです。そのための工夫や支援者のことをわかってもらう努力も求

められます。情報提供の仕方なども向上し、利用者と支援者の関係性に
おいて大きな転換が起きることが期待できます。

　利用者から見ると、自分が理解されることのうれしさ、安心感が増し、
「わたしの人生はわたしが決めて歩んでいきたい」という気持ちもこれ
まで以上に高まることも期待できそうです。意思決定支援が進むことに
より、「わたしがわたしのことを決めることができる」という一人ひと
りの体験と喜びを、支援者はこれまで以上に感じ取ることができるよう
になるのではないでしょうか。

　こうして、利用者のエンパワメントだけでなく、支援者もエンパワメ
ントされることにつながります。意思決定支援は、利用者と支援者の相
互のエンパワメントの展開につながる可能性を秘めているのです。

②地域で生き生きと暮らす

　人間の尊厳と自律・自立を基底とした意思決定支援の実践が進展する
ことにより、主体となった本人は、他の人たちが当たり前のように行使
している各種の権利を、実際に行使できる機会が拡がるのではないで
しょうか。こうした意思決定支援は、一人ひとりが地域社会の一員にな
るための取り組みとともに進められることが大切です。

　障害者総合支援法や障害者差別解消法は、障害の有無に関係なく共生
する社会づくりを目指しています。共生社会では地域社会の一人ひとり
が、隔離や分離されることなく、様々な形態で互いにつながっている日
常の風景が想像されます。社会の中でつながることが大切であり、その
ためにソーシャルワークの必要性が増すことになります。

　知的障害のある人たちの地域での暮らしが拡がり、一人ひとりが地域
住民に理解されるようになることは、地域住民が障害に対して理解を
深めエンパワメントにつながります。共生社会では、社会生活の主体
となるための支援が求められ、社会生活の質（Quality of Social Life：

QOSL）の向上が大きな目標になります。誰もが個性を持った人間であり、能力主義ではなく命そのものが輝く社会の実現への期待が膨らみます。

文献
・「障害者の意思決定支援に関する意見」（公益財団法人日本知的障害者福祉協会2015.9.8 143頁参照）
・「倫理綱領」（公益財団法人日本知的障害者福祉協会）
・「知的障がいのある方を支援するための行動規範」（公益財団法人日本知的障害者福祉協会）
・「社会保障審議会障害者部会報告書」（厚生労働省2015.12.14）

2 意見書で示されている意思決定支援とは

1 知的障害者の「意思決定支援」の特徴

意思決定支援とは、障害者本人の意思が形成されるために、理解できる形での情報提供と経験や体験の機会の提供による「意思形成支援」、及び言葉のみならず様々な形で表出される意思を汲み取る「意思表出支援」を前提に、生活のあらゆる場面で本人の意思が最大限に反映された選択を支援することにより、保護の客体から権利の主体へと生き方の転換を図るための支援である。

枠内は、知的障害者の意思決定支援に関する当協会の考えです。

「意思決定支援」を選択場面や決定場面だけを想定した支援と考えることは、知的障害者への支援としては十分ではありません。知的障害者には、その障害特性や生活環境から、障害のない人たちと同等に幼少期から様々な経験や体験をし、多くの情報を得て生活することは難しい状況がみられるからです。

その観点から、本人に理解できるように工夫された情報の提供と、様々な経験や体験を通して意思が作られる支援である「意思形成支援」が重要となります。そして、形成された意思を選択場面や決定場面で表出し、表現するための支援も必要です。表出、表現された本人の意思に気づき、汲み取る「意思表出支援」が重要になります。

このような支援環境を整えることで、支援を受けるだけの「客体」とみなされてきた人たちに、形成された意思により選択や決定を行える「主体」へと生き方の変化をもたらすことが「意思決定支援」の本質といえます。

知的障害者の意思決定支援の特徴をイメージ図で表現すると次のようになります。

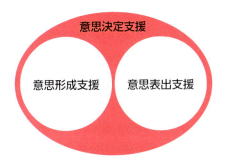

意思決定支援のイメージ

①意思形成支援

　「意思形成支援」は、幼少期から経験や体験を通して意思が作られる過程の支援で、意思決定支援の要素、及び前提といえる重要な支援です。この支援には長年にわたり知的障害者支援の理念とされてきたエンパワメントの視点とパターナリズムに対する問題意識への視点が大切です。前者は誰もが意思を有することを前提として本人の有する意思を最大限に表出するための支援です。後者は意思形成にとって大きな阻害要因となる恐れがあります。

　この他、意思形成支援には次のようなことに留意する必要があります。
　1つ目は、支援者や生活環境です。支援者に信頼感と安心感を持てること、家庭や施設で日常的に安心感のある中で生活できていることが意思形成に大きな影響を与えます。
　2つ目は、さまざまな経験、体験を積む機会です。文字や写真などだけでイメージを膨らませ想像することは苦手なことから、日常的に経験、体験を積み重ねることが求められます。

3つ目はさまざまな情報提供です。自ら情報を得ることが難しい方には支援者からの情報提供が極めて重要になります。この場合、選択肢に付随する多くの情報が、本人に理解できる形で伝えられることが必要であり、言葉・文字・絵やイラスト・写真・実際の見学や体験などさまざまな方法を駆使して伝えることが大切です。

　4つ目は幼少期から年齢に応じて選ぶ機会が提供されることです。選ぶという意識を育てるための支援です。本人が大人になるまで、あるいは大人になってからでも、親や支援者が選ぶことで本人の失敗を避ける生き方を続けることは、意思形成の大きな阻害要因となります。

②意思表出支援

　「意思表出支援」は、形成された意思が言葉やそれ以外の方法で表出できるように工夫した支援を行うことです。日常的に表出されている様々な意思に対して、支援者が見落とさず汲み取る支援です。

　1つ目は、本人が自らの意思を表出・表現できるように、具体的に支援されることがとても重要です。例えば、本人が意思を伝える機会を設けていること、絵や写真、マーク等のカードを使用するなど本人に伝わりやすいように工夫していること、本人の意思を汲み取る姿勢を支援者が常に持ち、見落としはないか心がけていること、いつでも、どんなことでも話せる環境が設けられていること、「本人活動」や「利用者自治会活動」などエンカウンターグループとして自らが意思を表出できる活動があることなどです。

　2つ目は、表出されている意思に気づく支援者であることです。知的障害者が自ら言葉や文字により相手に伝わる形で意思を表出することが困難な場合、言葉だけではなく、わずかな表情や態度、雰囲気の変化などで支援者が敏感に察知することが求められます。

2 「意思形成支援」「意思表出支援」の実際

「意思形成支援」と「意思表出支援」を理解するために、普段行われている具体的な支援を挙げてみます。

【意思形成支援】

○ルビや口頭での丁寧な説明など分かりやすく情報を提供すること

○写真、動画、絵、マーク、模型を駆使して情報提供すること

○様々な経験や体験のための事業所内活動プログラムを創り出すこと

○食べたことのないものを初めて口にする機会を作ること

○給食に本人の希望メニューを取り入れるために嗜好アンケートを行うこと

○給食に選択メニューを取り入れること

○旅行や外食などでホテルや旅館や飲食店など様々な施設を利用体験すること

○事業所や地域のイベントなどで多くの外部の方と接すること

○絵画や音楽、映画鑑賞など文化的活動を体験、経験すること

○サービス利用の際に建物や設備、日中活動を見学すること

【意思表出支援】

○本人から発せられた言葉の真意を会議等で検討すること

○言葉を発することができない方の健康状態や精神状態を常に意識しながら支援にあたること

○声の調子や雰囲気や行動などの僅かな違いから本人の気持ちを探ろうとすること

○顔色や身体全体の雰囲気からバイタルチェックすること

○表情や目の輝きや雰囲気から本人の喜怒哀楽を察すること

○写真や絵やマークや模型を駆使して選択してもらうこと

○利用者自治会活動や本人活動を支援し、本人が意思を表明できる場と機会を作ること

○事業所内に模擬投票所を設けて公的選挙のためのシミュレーションを
　行うこと
○分かりやすい資料を作成し、福祉制度などを本人が学ぶ機会を支援す
　ること
○意見箱など、本人の事業所に対する要望や希望を常に受け付ける体制
　を整えること

　支援の現場における実践例を挙げてみましたが、実施されている内容
そのものは事業所間で大差はないと思われます。知的障害者支援の長い
歴史の中で、支援者が創意工夫を凝らし誕生してきた、これらの支援の
すべては「意思形成のための支援」あるいは「意思表出のための支援」
のいずれかに該当するものであり、すでにわたしたち支援者は意思決定
支援を行っているといえます。

〈コラム I 〉

意思決定支援は積極的人権擁護

　近年、障害者虐待防止法や障害者差別解消法など障害者の人権擁護のための法律が整備されてきました。虐待防止や差別解消は、行為の「禁止」や「抑止」という消極的な取り組みです。これに対し「意思決定支援」は、「実施」や「行動」「促進」という積極的な取り組みによる人権擁護といえます。虐待防止や差別解消という消極的人権擁護だけでなく、意思決定支援という積極的人権擁護への期待が高まります。以下に意思決定支援による積極的人権擁護と考えられる実践例を紹介します。

※ピープル・ファースト実現のための支援

　1973年、アメリカで開催された知的障害について話し合う本人の会合で、ある少女が「他の人にどんなふうに知られたい？」と聞かれた時に、「まず、第一に人間（people first）として扱われたい」と答えたことからこの言葉が生まれました。日本では1995年に最初の団体「ピープル・ファースト話し合おう会」が東京で誕生してから、全国各地に相次いで組織が誕生し、主要都市を中心に多くのグループができました。

　施設等における支援現場でのピープル・ファーストの取り組みは、利用者自治会活動、本人活動などがそれに当り、実施の際にはパターナリズム[*1]の排除、エンパワメント[*2]の支援、セルフ・アドボカシー[*3]の支援といった、知的障害者支援の理念とされてきたことと密接な関係性の中で実施することが、この取り組みの重要なポイントであり、「意思決定支援」に直結する支援と言えます。

　「意思決定支援」は、知的障害者が権利の主体として人生を歩むための

実効性のある支援であり、本人の意思が反映され一人の人間としての生き方が保障されることで実現するピープル・ファーストのための支援です。

（*1）【パターナリズム】
　強い立場にある者が、弱い立場にある者の利益になるようにと、本人の意思に反して行動に介入・干渉することをいう。日本語では家父長主義、父権主義、父親的温情主義などと訳される。
（*2）【エンパワメント】
　たとえ障害があっても、本人には潜在能力があり可能性があることを前提とする考え方であり、それに基づき本人の力を引き出す支援や主体的行動を促すための支援をエンパワメント支援、あるいはエンパワメント・アプローチという。
（*3）【セルフ・アドボカシー】
　障害者が自らの権利を自らが守る行動や仕組みであり、サービス利用者の自治会活動や本人活動もこれに該当する。

✳ 「意思決定支援実例集」（福島県知的障害者福祉協会）

　福島県知的障害者福祉協会で「意思決定支援実例集」（2015年度、2016年度調査研究事業）がまとめられました。

　この実例集は、福島県内の知的障害福祉サービス事業所と障害者支援施設の協力を得て、60事業所（2016年度）が回答した意思決定支援の成功実例と失敗実例を入所系、日中活動系、就労系、児童系の形態別に集計したものです。

　虐待など人権侵害の根本的な問題は、力による強制や制裁的な暴力、ネグレクトなど、本人の意思が無視され周りの都合による生き方を強いられる点にあります。福島県の調査研究の結果は、周りの都合ではなく本人の意思が優先された生き方を支える取り組みを行う施設や事業所には、人権侵害や虐待は存在しないことを実証しています。

　（当協会ホームページよりダウンロード可能　http://www.aigo.or.jp/）

4

支援現場における
意思決定支援

4 支援現場における意思決定支援

1 計画作成と意思決定支援

　この節では意思決定支援と各種の計画について考えていきます。支援者が利用者に対して行うすべての支援は、本人の意思・想いに基づいていなければなりません。これまで何度も出てきたように「どんなに知的に障害が重くとも必ず意思はある」ことが大前提となります。誠心誠意支援をしていれば良いわけではなく、支援の根拠には常に本人の意思・想いがなければなりません。保護者の想いや支援者の想いではなく、本人の想いです。そして支援者が、根拠に基づいた支援をしていくための計画として、「サービス等利用計画」と「個別支援計画」があります。

　障害のある人が地域で自分らしく生活するためには、様々なサービスや社会資源が必要となります。「サービス等利用計画」はそれらを上手に活用するために作る計画（トータルプラン）です。その内容は、行政機関が各種サービスの支給決定を行う際の参考とするほか、事業所が実際にサービスを提供するときの共通の目標となります。現在は計画相談支援事業所の相談支援専門員により、サービスを利用するすべての障害のある人に対して「サービス等利用計画」が作成されています。

　一方、「個別支援計画」は、サービスを提供する事業所においてサービス管理責任者が作成する計画です。サービス等利用計画で示された「共

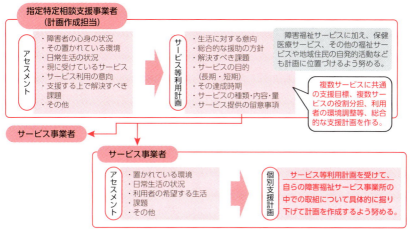

厚生労働省社会・援護局障害保健福祉部　障害福祉課地域生活支援推進室資料より抜粋

通目標」を実現するために、実際に事業所で行う支援内容を具体的に書き込む計画となります。この2つの計画は必ず連動する必要があり、サービス担当者会議やモニタリング会議と呼ばれる会議の中で、お互いの計画の進捗状況を確認し合い、本人の想いを実現するための計画として適当であるか、改善すべき点があるか否かを検証していきます。

　また、これらの計画を立てる時に押さえておかなければならないポイントとして「医学モデル」と「社会モデル」の考え方があります。「医学モデル」とは、障害者が体験する生きづらさはそのひと個人の問題だとする考え方です。治療、訓練によって、いわゆる一般社会に適応できるよう、本人自身のハンディそのものの克服や軽減により能力の向上を目指します。一方、「社会モデル」は、障害者が体験する生きづらさは社会との関係の問題だとする考え方です。障害者とは、社会に存在する

現場で活かせる意思決定支援 ❋ 63

障壁によって能力（強み）を発揮する機会を奪われた人々と捉え、"変わるべきは社会である"という考え方のもと、本人の意思・想いの実現のために、環境をどのように整えれば良いのかを考えていきます。

　例えば、現在入所施設で生活している利用者が「グループホームで生活したい」という想いを支援者に伝えてくれたとします。「医学モデル」で考えると、「グループホームで生活するためには、洗濯・掃除等自分のことは自分でして、一緒に住む仲間とも良好な関係が作れなければならないので、その為の練習をしていきましょう」と、指導的な計画となり「また仲間とトラブルになりましたね、お部屋も汚いですし…、まだグループホームは無理ですね」というような結果になりがちです。「社会モデル」で考えると本人の障害特性・個性を把握し、どのような合理的配慮を行えばグループホームで生活できるのか、どのような支援を行えば本人が持っている"強み"を十分に発揮できるのかを考え環境を調整していきます。"変わるべきは社会"であり、本人の意思・想いを大事にした計画は、正に「社会モデル」で考えていかなければなりません。

1　サービス等利用計画

　2011年に改正された障害者基本法の第23条で、国や地方公共団体に「障害者の意思決定支援に配慮」すること、また、サービス提供事業所や相談支援従事者にも、障害者総合支援法の中で「障害者等の意思決定支援に配慮」することが義務付けられています。サービス等利用計画は、行政がサービスを支給決定する際の参考にすると前記しましたが、相談員は、配慮するだけでなく実際に取り組んでもらえるよう求めていきます。また、「本人の意思を踏まえて」等の言葉を計画に加えることも検討します。障害当事者は制度の中で生活するのではなく、自分らしく、主体的に地域で生活していくために制度を活用するのです。障害支援区分や年齢、行政における支給決定基準等で生き方を制限・左右され

るようなことは、決してあってはならないことです。

　次に、相談支援専門員がサービス等利用計画を作成していくうえで押さえておきたい意思決定支援のポイントを、簡単なエピソード事例も交えて説明します。

【計画作成プロセスへの本人参画：本人中心の計画を立てるために】

　"意思決定支援に配慮する"という表現は、これまでは配慮されてないことが多かったから使われた表現です。意思の表出や表現が困難な知的に障害のある人の支援は、保護者や支援者の意向が中心となってしまいがちでした。だからこそ、相談支援専門員は、サービス等利用計画作成のプロセスに本人が参画することを大原則としなければなりません。新規の計画作成時には信頼関係が構築できていないことが想定されますが、モニタリングを重ねていく中でゆっくり関係性を深めていきます。人は信頼関係ができていない人には自分の本当の想いを伝えません。どれだけ本人と多くの時間を共有することができるかが相談員に課せられる課題となります。また、本人に計画に参画してもらう以上、適切に必要な情報を伝えることが本人への合理的な配慮となり、認知特性に合わせた分かりやすい情報提供が求められます（分かりやすい本人用のサービス等利用計画や、写真等を使ったエコマップなど、視覚的なツールがあると良いでしょう）。

　また、サービス担当者会議やモニタリング会議等にも本人に可能な限り参加してもらいます。利用者本人に対する合理的な配慮が整った会議は、相互エンパワメントとなり、本人だけでなく相談員・支援者の意識・技術も高められます。

《エピソード事例１》

　　Aさんは知的障害のある30歳の男性です。日常生活上課題となる行動が多いため、その課題解決のための会議を関係者のみで行う、いわゆる"課題解決型計画及び会議"となっていました。本人の意思・想いが中心になっていないことに気づいた相談員は、関係者に事例検討会の開催を呼びかけました。以前研修で学んだストレングスモデルの事例検討会を行った結果、Aさんの強みがたくさん出てきて、強みを活かした支援のイメージが支援者の中に共有されました。その後の会議は得意なことを活かせる計画のもと、常に本人を中心に会議を進めています。分かりやすいエコマップをつくることで本人も関係者も役割を整理でき、会議を重ねるごとに発言と笑顔が増えています。まだまだ生活課題はあるものの、Aさんは会議の開催をとても楽しみにしています。

【多角的なアセスメント：これまでのストーリーを読み込むために】

　どんなに障害が重くとも必ず意思はあります。しかし意思の表出・表現が難しい方の想いを汲み取るのは非常に時間のかかる作業となるため、相談員は本人のことを深く知ることから始めます。サービス等利用計画も個別支援計画も未来図です。未来の物語を作るためにはこれまでの物語をしっかり読み込む必要があります。相談員はフットワークとネットワークを駆使してアセスメントを行います。特に生育暦は重要となり、これまで育ってきた環境、保護者の想い、支援学校の先生の想い、支援者の想い等々できるだけたくさんの情報・想いを集め、分かりやすくまとめます。留意すべきは、「どんな生き方をして欲しいか」という視点だけでなく「本人自身はどんな生き方をしたいと思っているか」を聞き取ることです。そして集めた情報は関係者で共有し、相談員はそれを根拠に計画を立てますが、計画はあくまで仮説に過ぎないと想定し、日々様々な支援現場でアセスメントを続けます。相談員は「本人の意思を踏まえて」

という言葉に対し、継続的に説明責任を果たさなくてはなりません。

《エピソード事例２》

> Bさんは入所施設で生活している30代の男性で、知的障害を伴う自閉症です。最近、同一性保持・儀式的行動が強迫性を帯びてきて、昼夜も逆転し、施設の環境に上手に適応することができなくなっていました。障害特性に配慮した支援を入所施設で提供してきましたがなかなか改善されません。施設から連絡を受けた相談員は保護者を訪ね、成育歴の中から最も自分らしく活き活きと生活・活動していた時期が特別支援学校高等部の頃であることが分かりました。また、当時の担当教諭とも話しができ、学校では役割を担い、周りからも評価され、公共の交通機関を利用して自主登校や、絵カード等で意思表示もできていたこともわかりました。相談員はまず、その当時の生活環境と、発揮していた本人の強みを再度深くアセスメントし、入所施設と共有する事から始めました。その後、職住分離を試行することも視野に入れ、現在は地域の生活介護事業所の利用も検討しています。

【体験的利用の促進：経験的意思決定を取り入れていくために】

　知的に障害のある人はどうしても経験不足になりがちです。失敗して傷つくことを避けるため、同年代の子どもであれば当然経験するはずのことに挑戦させなかったり、保護者、支援者が選択場面で日常的に代行決定してしまい、自分で選んで決めるという経験が少なかったりします。経験が少なければおのずと意思決定は難しくなるため、意思決定を支援するためには、意思形成の基礎となる良質な社会経験や体験の機会を計画的に確保し、「自分のことは自分で決める」という当たり前のことを日常的に支援してもらうことが重要となります。

　一方で、様々な体験にともなう変化は、少なからずストレスとなりま

す。住む場所や働く場所が変わるなど、人は誰しも変化を体験しながら自分らしい生活を探しています。しかし、知的に障害がある人は変化を苦手とする場合が多く、新たな体験に対しては拒否の意思表示をしがちです。そのため、それをもって本人の意思と判断するのではなく、ストレスが最小限となるような合理的な配慮を行ったうえで体験してもらい、仮に拒否にみえるような意思表示があっても、別の配慮（環境調整等）があればどうなのか、何に対しての拒否なのか、と皆で考察して計画を見直し、再度体験してもらうといったプロセスがとても重要となります。

　このように、相談員は「経験的意思決定支援」をサービス等利用計画に分かりやすく記していきます。本人が意思決定するためには、まず良質な体験を重ねることが必要なことを行政にきちんと理解してもらい、それを保障するサービスを支給決定してもらうことが重要な役割となるのです。

《エピソード事例３》

　Cさんは知的障害のある30代の男性です。母親はできる限り一緒に暮らしたいと考えていましたが、母親に対する粗暴行為が続き、限界となり、入所施設の利用希望が出されました。Cさんが母親を慕っていることを知っていた相談員は行政と相談し、行政独自の支給決定基準から除外して柔軟に支給決定をしてもらうこと、施設に入所する前に様々な生活様式を体験してもらい、Cさんの意思を関係者皆で汲み取っていくことを方向性として示しました。

　その後、順番に、入所施設の短期入所の利用や、グループホーム（以下GH）の併設型短期入所、サテライト型GH、ヘルパーの体験利用等を体験してもらい、毎月モニタリング会議を実施しました。現在はサテライト型のGHでヘルパーの支援を受けて生活しており、時おり、母親が会いに行くととても穏やかな表情で迎え入れてくれます。低刺激な自分だけの空間があり、必要な時に支援者が入る生活が、Cさんが持っている優しさが発揮できるのではないか、と皆で仮説を立て、次のステップを検討しています。

【チームによる計画作成：「最善の利益」を導き出すために】

　どれだけ社会経験を積んだとしても、どんなに分かりやすく情報を伝えられても、自分ひとりで決めるのは難しい事柄は日常生活上たくさんあります。ましてや生活の場、活動の場、生命に関わることとなればなおさらです。相談員は、本人だけで判断するのが難しい選択・決定場面において、利害関係者や後見人が個人的に代行決定するのではなく、本人をよく知る親族、支援者、様々な専門職等を召集し、本人の「最善の利益」（ベストインタレスト）を導き出すことに努めなければなりません。このことは透明性の確保、権利擁護にも繋がります。

　また、本人が信頼し、いろいろなことを一緒に決めてもらいたいと思っているキーパーソンを見つけ、意思決定支援のサポートメンバーに予め入ってもらう視点も併せて重要となります。その相手は家族ではないかもしれない、後見人でも支援者でもないかもしれない、あるいは尊敬している先輩かもしれない。このような視点で会議等のメンバー構成を考えていくと、本人はより強みを発揮できるかもしれません。

《エピソード事例４》

　　Dさんはグループホームで生活している50代の女性です。後見人である妹は「姉は精神年齢が３歳児と変わらないので、なにごとも自分で決めさせず私に決めさせてください」と相談員やグループホームの支援者に強く訴えます。相談員は行政と相談し、障害者権利条約と意思決定支援について後見人に丁寧に説明し、後見人も意思決定支援のサポートメンバーの一人であるということを理解してもらいました。そして重要な決定場面では、相談員、支援者、後見人だけでなく、基幹型相談支援センターの相談員、行政の社会福祉士、またDさんが目標としている先輩のEさんにも意思決定サポートメンバーになってもらい、Dさんの意思決定を共同で支援していくこととしました。

現場で活かせる意思決定支援 ❋ 69

> 現在Dさんは定期的に行う会議の場で、今後の夢を色々な表現で自信を持って語ってくれています。

　相談支援専門員は意思決定支援という言葉を常に傍らに置いて、サービス等利用計画を作成していきます。意思決定支援が丁寧に意識されている計画や支援は、知的に障害のある人たちに対する積極的な権利擁護となります。相談員は日々研修等を通して、意思や想いを汲み取るためのアセスメント力を高めていくとともに、パターナリズムを抑制する習慣をつけていくことが求められます。

　相談支援専門員にはもう一つ大きな役割があります。良質な意思決定支援を行うためには"良質な社会経験や体験ができる社会資源が地域に存在すること"がとても重要となってきます。また、利用者自身の選ぶ力、伝える力を互いに高め合っていけるような当事者活動や集まりやすい地域の居場所も必要です。サービス等利用計画を作成するなかで浮かび上がってくるこれらの地域課題を、地域の相談員同士で共有すると共に、地域自立支援協議会等で話し合い、地域社会を巻き込んで、課題の解決・社会資源の創出につなげていくことが求められます。

　意思決定支援に始まりはあっても終わりはありません。毎日が意思決定支援です。この言葉を常に傍らに置き、本人の想いを汲み取りながら未来計画を丁寧に作成していくことが相談員の使命（ミッション）です。

＊以下の様式は、野中猛氏が山梨県の相談支援従事者研修の中で使用していた様式を参考にしたものです。本人の特性に合わせて様々なアレンジをして使用しています。

アセスメント票　　　　　　　作成年月日　平成○○年　○月　○○日
　　　　　　　　　　　　　　　　　　　　　時点の状況

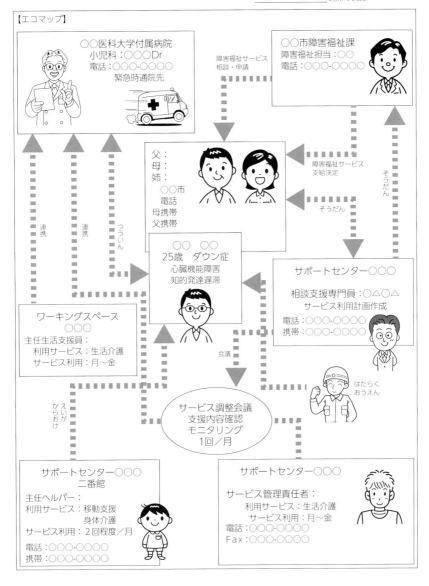

○○さんの想い

- ●主障害：ダウン症　知的発達遅延　心機能障害
- ●学　歴：○○保育園　○○支援学校　○○支援学校中学部　高等部
- ●性　格：何事にも積極的で負けず嫌い。自分で決めたことをやり通す力も持っている。認知能力もかなり高く、状況に応じて敬語等も使いこなすことができる。言葉は多少聞き取りにくいが、時間をかけて、単語を組み合わせながら一生懸命話をしてくれる。歌やダンス、演技力等々表現力も豊かで、ユーモアのセンスもあり（たくさんのオリジナルギャグを持っている）、○○○支援学校時代は人気者の一人であった。自分が納得できないことには抵抗を示すが、ゆっくり時間をかけて話をすれば理解を示してくれる。
- ●生活歴：幼いころから我慢の連続、やりたいことはたくさんあるのだが、体調面を理由に諦めなければならないことが日常茶飯事の生活を送ってきた。体調が明らかに悪い時はしょうがないものの、学校等集団生活の場面では、危険性があるから（予防的に）という理由で車いすの使用を義務付けられたり、常に血中濃度を測らされたり、行事に参加できなかったり、参加したければ保護者が付き添うことが条件にされたり…。管理側から見れば（医学モデルでとらえれば）仕方ないともいえるが、本人からすれば「何故…」と思わざるを得ない葛藤場面が多かった。その気持ちが痛いほどわかる保護者も、常に本人目線の要望を学校等に示し、闘ってきた経緯がある。医学モデル的には「いつ倒れてもおかしくはないのだから、仕事などせずに、ゆっくり安静に…」となるのであるが、本人も家族もできる限り生活・社会モデルで…自分らしく生きて…悔いの残らないように…という考えの下生活してきている。できる限りというラインが母親目線・本人目線・支援者目線ずれが生じないように定期的に微調整することが重要となってくる。

自分のことは自分で何でもできるし自分でやりたいです。多少時間がかかるときもあるけど…。そんな時は早めに教えてくれれば早めに準備します（実はトイレも時間がかかります…(^_^;)）

座ってやる作業、活動はとても得意です。ビーズ作業・和紙作業・絵画も大好きです。文字を書くのも得意なので必要があれば言ってください（かなり難しい漢字も書けます！）

ダンスや歌が大好きです。自分でやるとすぐに疲れてしまうけど、雰囲気の中に居て、楽しむこともできます。みんなと一緒のことはできなくてもやりたいことはできるだけ参加させてください。

言いたいことはやまほどあるけど、なかなか言葉で出てきません…。頑張って伝えるので少し時間をかけて付き合ってください。時間が取れなければとれる時で大丈夫です。

「急いで！」「早く！」という言葉を聞くとドキドキしてしまいます。昔から「急いではダメ」と言われ続けてきたから…。「ゆっくりで大丈夫だよ」という言葉が安心につながります。

体調が悪い時は自分でも伝えて休む（横になる）ようにするけど、判断がつかない時もあります。顔色、唇の色が変わってきたら、教えてください。少し休めば大丈夫です。

水分補給は僕にとってはとっても重要だって先生にも母親にも言われています。どこに行くにも持っていくことを許してください。3時の薬を飲むときにも必要です。

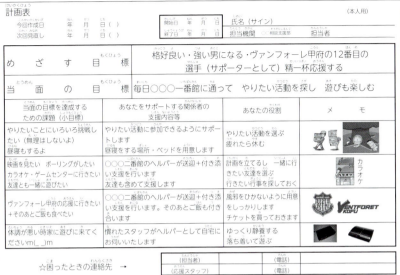
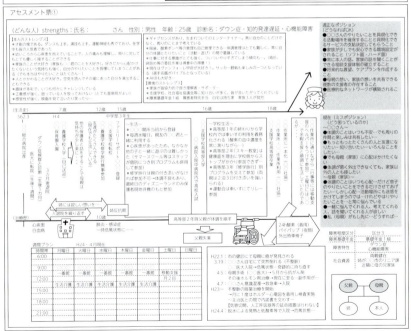

2 個別支援計画

①アセスメントの重要性

ⅰ. 支援の視点を切り替える

あなたの人生で全く縁もゆかりもない人が、突然「あなたの担当者です」と言って目の前に現れ、あなたの思いも聞かずにあなたのこれからの暮らしのプラン（個別支援計画）を提示し、生き方を他人に決められる経験をしたことがあるでしょうか。

おそらく答えは「いいえ」だと思います。

「個別支援計画」を作成することは、支援者にとって当たり前の業務ですが、支援者は利用者ときわめて特殊な関係性の中で仕事をしていることを強く認識しなければなりません。

支援の現場で利用者に物事を決定してもらう際には、「絵」や「写真」などのツールを用いて利用者の意思を汲み取る実践が行われているでしょう。利用者の意思を汲み取る際には、支援者として気づいてない「支援のクセ（癖）」や、「障害のとらえ方」「個別支援計画作成の根拠（アセスメント）となる考え方」等を改めて振り返り、支援の視点を切り替える必要があります。

ア. 気がついていない支援者のクセ

利用者を知る手がかりとして、療育手帳の判定、障害支援区分、病気や具体的な障害名、ADLの状況、日ごろの生活でできない事柄など、支援者には利用者の障害状況に視点をおく「クセ」が知らず知らずに身についています。この視点を切り替えるには、障害はその人の一部であることに気づくことです。

支援者は、利用者の意思決定、自己選択、自己決定に大きく関与していることを自覚しなければなりません。たとえば利用者に対し、「多くの選択肢を用意しても選べない」と一方的に決めつける、必要な情報を

伝えない、体験の機会を作らない、希望に耳を傾けない、などの支援を行っているとしたら、他ならぬ支援者が、利用者にとっての社会的障壁となります。

イ．「医学モデル」から「社会モデル」へ〜ICFの視点の重要性〜
　障害の考え方が「医学モデル」から「社会モデル」に変わりました。支援者は、障害そのもののとらえ方が大きく変化していることを再認識するとともに、ICFの視点で利用者の支援にあたるよう意識を変える必要があります。

ⅱ．個別支援計画とサービス提供の基本的な視点
　個別支援計画の作成と実行にあたっては、サービス提供事業所において、一連のサービス提供プロセスの管理をサービス管理責任者等と支援者が理解し、支援を実行することが重要です。個別支援計画の作成は、煩雑な手続きのうちの一つなどではなく、支援を行う前提として必要不可欠です。
　個別支援計画の作成過程において、利用者（必要に応じて家族）の意思を確認し、合意を得ることで信頼関係を築き、支援チーム内の意思統一を図ることで一貫した支援が可能となります。利用者（必要に応じて家族）との信頼関係を築くには、目標や支援内容を押し付けないことです。意思決定が困難な利用者の場合、利用者自身が様々な経験を積んだ上で、選択肢を示し、事後的にも確認しながら支援を進めるなどの配慮をすることにより、利用者（必要に応じて家族）が十分に納得したものとなるよう継続的な調整が必要です。

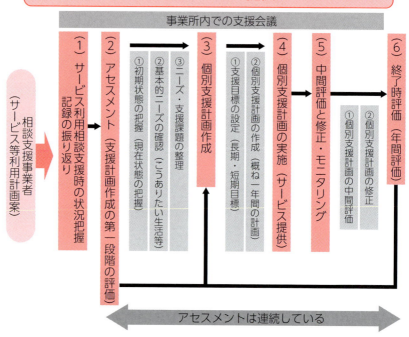

(厚生労働省サービス管理責任者都道府県研修資料)

　サービス提供事業所における意思決定支援を考える場合、個別支援計画実行のプロセスにおいては、特にインテークやアセスメントの場面で次のような視点を確認しておく必要があります。1つ目は、利用者中心の考え方です。支援者主導にならないよう、利用者がサービスを主体的に活用して課題解決に取り組めるよう支援することが重要です（エンパワメントの視点）。2つ目は、利用者のニーズについての理解です。一人ひとりの考え方や価値観、障害の内容や程度、年齢、家族介護の状況等の違いから、利用者のニーズには個別性があります。また、多く社会生活上の環境の要因によって影響を受けている点で多様性があります

(ICFの視点)。3つ目は、意思決定支援への配慮です。どんなに重度の障害があっても本人の意思はあるという前提で支援をしていくことです。それぞれ違う形で表現・表出される意思決定のどの部分を、どのように支援をしていくのか模索していくことが必要です。アセスメントにおいては、利用者一人ひとりとの意思疎通の取り方「言語的なコミュニケーション」「本人の独特なコミュニケーション」「非言語的なコミュニケーション（顔の表情・行動等など）」に重点を置いて、支援者が利用者の訴えを汲み取り、気づきの力をつけることが大切です。

ⅲ. 意思決定支援にあたって ～アセスメントの重要性～

　医学モデル中心のアセスメントは、個人の障害（できないこと・足りないこと）に着目しそれぞれの問題をサービスで補おうとする支援の組み立てに陥りやすくなります。それは必ずしも間違ったアセスメントではありませんが、できないこと（障害そのもの）だけに着目した支援からは、障害そのものを克服する視点のみが強くなり、障害のある人の意思を汲み取り、自ら選択・決定し実現することを重視した個別支援計画に結びつけることが難しくなります。

　個別支援計画やサービス等利用計画の中心にあるのは、利用者の困りごとの解決だけでなく、こうしてほしいといった希望や本人が望む暮らし（ニーズ）です。利用者の意思を汲み取り、ニーズを専門的に見立て、自己実現に向けた計画を作成し実行する際の中核となるのがアセスメントです。選べない生活から、選べる生活・選べる力・選べる環境を、様々な支援を通して具体化する「道しるべ」として個別支援計画があるのです。

　アセスメントは、個別支援計画の作成とそれに基づく支援の根拠として支援全般の中で多くの割合を占めます。利用者の見方、ニーズの聞き方を誤ると当然ながら支援の方向性も本人のニーズからかけ離れたもの

となってしまいます。

　アセスメントで重要な視点は、「利用者をどのように見ているか、利用者との関わりの中で気づき、発見すること」です。支援者側の見立ての質を高めることで、自己実現に向けた計画の作成と実行が可能になります。アセスメントは、利用者に関する様々な情報やニーズを分析し整理し「支援の方向性・計画を作るための根拠」でもあります。

　こうしたアセスメント力を高めるためには、障害の捉え方や支援者側の視点の切り替え（リフレーミング）と、個人の本来持っている力とその人を取り巻く環境の強み（ストレングス）を活用することが重要です。

ICFに基づく支援の視点（国際医療福祉大学　高橋泰氏の資料より）

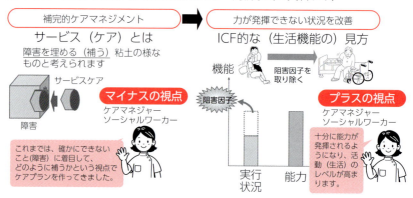

■リフレーミング

　リフレーミングは、従来持っている見方（フレーム）を、新たな視点に立って捉えなおすことです。一般的にはネガティブな視点をポジティブな視点に切り替える時に使う技術です。リフレーミングを実践する際には、支援者が障害のある人と接する中で、「気づき、感じる目」を持てるように研修等を通じて育成していくことが求められます。

　支援者の視点（フレーム）が変われば、困難と思える状況の中に課題

解決の活路や、欠点だと思っていたものの中に利用者の力を見出すことができます。障害の捉え方やアセスメントの視点を変えることにより、支援の方法や個別支援計画の内容も変わることに繋がります。

■ストレングスの視点

　ストレングスの視点の焦点は、病気（病理）や障害そのものではなく、その人の持つ「可能性」です。

　ストレングスは、障害のあるその人が本来持っている強さ、健康な側面、得意な事、潜在的な能力、暮らしていく中で獲得した様々な技能、関心、コミュニケーション、日常生活上のノウハウ等の「本人自身の強み」と、「その人を支えるプラスの環境」の２種類があります。また、その人の生きてきた道やその人の歴史（生育歴）や日々の生活場面においてもストレングスを見出すことができます。

　一見、弱みに見えるものの中にも実はストレングスが存在するなど奥

ストレングスの例

環境のストレングス

・貯金がある

・住まいは持ち家で困らない

・近くに駅があり便利

・近くにコンビニがある

・カラオケ仲間の幼友達がいる

・100円ショップがある

・腕のよい主治医が担当

本人のストレングス

・笑顔が魅力的
・好きな人がいる
・プログラムを欠席しない
・プログラムをサボれる
・○○の資格を持っている
・絵（字）が上手い
・几帳面である
・元気にあいさつができる
・弱音が吐ける　…等

・親切な民生委員さんが担当

・隣町の兄弟がときどき来てくれる

・近くに大学がありボランティアに困らない

・図書館がある

・公園がある

・海がある

・川がある

・近くに当事者グループの事務局がある

・近くに支援センターがある

…等

が深いものです。強さの気づきはその人の「自分らしさ」へ向かう推進力となる大切な社会資源への気づきともいえます。

ア．ストレングスの例

　あるとき、利用者のストレングスが見えにくく、エンパワメントやストレングスをとらえる視点が弱くなっていると感じ、状況を変えるため、ストレングスの視点に気づいて支援を実践する過程を次のように整理し取り組みました。

　【環境要因】

　施設という限られた空間、限られた人間関係で長期間生活しているため、環境から受ける刺激が少ない。在宅で生活している人と比べて地域との接点が少ない。本人を取り巻く世界が狭い。

　【利用者の状況】

　利用者は本来さまざまな力を持っているが、入所して以降、集団生活の中で体験・経験の場面が限られ、周辺からの刺激も少なく、本人の力が弱くなっており、現場スタッフも、本人のストレングス気づき感じ取れる環境にない。

　〈ステップ１〉

　利用者が本来持っているストレングス（可能性・長所・強み）に気づくための研修などを、年間を通して実施する。施設の主体は誰か、個別支援計画の主人公は利用者（利用者中心）であり、個別支援計画作成にあたっては、主語を利用者自身（「私」）とし、視点の切り替えを行う。

　〈ステップ２〉

　気づきを実践に移す。利用者が持っているストレングスを活かした支援を行う視点を持つ。

（例）＊笑顔が素敵⇒周りの人との関係が上手にとれる。
　　　＊プログラムを欠席しない⇒好きなプログラムがある。
　　　＊プログラムをサボる⇒自分の意思をもっている。

〈ステップ3〉
　ストレングスを活かした支援計画を立てる。利用者の持つ可能性を具体的に実現するための支援、発想力を持つ。
（例）＊笑顔が素敵 ⇒ 周りの人との関係が上手にとれる。
　　　　　　⇒人と接する仕事が可能かも？
　　　＊プログラムを欠席しない ⇒ 好きなプログラムがある。
　　　　　　⇒充実した活動提供したいね。
　　　＊プログラムがサボれる ⇒ 自分の意思をもっている。
　　　　　　⇒自分の意思を活かしたプログラムを考えてみよう。

イ．「社会モデル」の視点によるアセスメント
　「生活を送る上で全般的なニーズ・その人が本来持っている力に着目」した支援の組み立てを行う、「社会モデル」の考え方に立ったアセスメントへの視点の切り替えが支援者に求められます。そのためには、「その人らしい生活や本来持っている力が発揮できない生活」の阻害因子を取り除く支援を行うことです。利用者の今の姿の分析と、将来の姿を想定した支援の組み立てを行うことが重要です。

ⅳ．本人のストレングスに視点を置いた支援の取り組み
ア．20〇〇年〇〇月〇〇日 ハイタッチで個別支援計画実現
　Tヶ崎ハイタッチ隊。毎週水曜日朝7時〜8時、Tケ崎駅南□Y野家前での光景です。ちょっと謎の、でもたのしく愉快な人たちがいます。朝の通勤、通学の人たちにハイタッチをして、みんなであいさつの輪を広

げようと活動しているグループです。このハイタッチ隊の活動に、S障害者支援施設の利用者のKさんが参加しました。

　Kさんの今年度の個別支援計画に「いろんな人にあいさつする場所を探そう。地域の人に会える場所を探して、明るく元気にあいさつしましょう」という項目があります。Kさんは、普段からとても元気にあいさつをする方で、その素晴らしい個性をもっともっと広げてほしいと個別支援計画に盛り込まれました。これをぜひ実現しようとスタッフで話しあっていたら、Tヶ崎ハイタッチ隊の活動の情報が舞い込んできました。「これは、Kさんの計画にぴったりだ」と参加をハイタッチ隊の主催者の方にお願いしたところ、快くハイタッチ隊メンバーに加えてもらえました。行き交う人に、屈託のない笑顔で次々にハイタッチするKさんの姿に、同行したスタッフも爽やかいっぱいの元気をもらいました。（S事業所職員A）

イ．本人にとってわかりやすい個別支援計画

　この個別支援計画には、利用者本人が計画の内容を理解しやすいように「絵」や「写真」を取り入れています。さらに、利用者本人が主役となるような文章表現になっています。

　この事例は、支援者がストレングスの視点を持って、利用者に少しでも内容を理解してもらうことを目指して個別支援計画を作成しています。

　障害のある人の意思を汲み取り、自己実現に向けた個別支援計画の作成と実行にあたっては、支援者が改めて支援の基本視点を根本から見直し、アセスメントの視点を切り替えることが重要となります。

　個別支援計画が利用者本人の将来の暮らしのあり方の視点に向うことが、利用者が地域で様々なことを選択し、決定し、自分らしさを発揮するための後押しとなります。

《個別支援計画》

利用者氏名	○○様	生年月日	19●●●●	障害程度区分又は要介護認定区分	4	記入担当者名	M職員
ご本人の希望	S施設のそとにでて、しごとをしてみたい。そとにでて、おもしろいものをみにいきたい。						
ご家族の希望	体力づくりをして頂きたい。静かな環境で生活させたい。自室に一人でいることがあるので一人きりにさせないでほしい。						
長期目標（年間目標）	・PASMOで買い物の支払いをできるようになろう。 ・「湘南M事業所」に毎日通えるようになろう。		短期目標（6ヶ月）	・PASMOの取り扱いに慣れよう。 ・「湘南M事業所」において、定期的に面談しよう。			

要望実現のための具体的目標		具体的な援助内容・方法		支援提供者関係スタッフ
記載日	20●年●月●日	記載日	20●年●月●日	
PASMOを使って買い物をしてみよう！！		ご本人用のPASMOを購入し、平日の夕方や土日、祝日の余暇の機会を利用して、PASMOを使用して買い物時の支払いを行っていただきます。 コンビニや近隣の商店などPASMOで支払いができるお店に行き、買い物の段取りを経験していただくことで、ゆくゆくはお一人で買い物が行えるように支援していきます。		担当職員 作業職員 生活職員
湘南M事業所で定期的に面談をしよう！！		「湘南M事業所」の利用が継続できるように、本人、先方の職員、S施設職員とで定期的に面談を行います。 食事、作業、休憩時、等、の場面の様子を確認しながら、より有意義な利用になることを目指して、一緒に話し合いましょう。		担当職員 生活職員 湘南M事業所職員

資料

・厚生労働省サービス管理責任者都道府県指導者研修介護分野演習資料一部改変
・駒沢大学佐藤光正准教授：神奈川県相談支援従事者初任研修資料一部改変

②チーム支援の視点から

　意思表出の難しい重度の知的障害のある利用者は、「デザートは、リンゴにする？ミカンにする？」と尋ねられても、判断をどう表現していいか、その前の判断をどうするのかも難しいと思われます。意思決定を受け取る支援者にとっても、自分が受け取った利用者本人の意思決定で本当に良いのか不安になる場面も多くあることでしょう。このような意思決定の現場においては、チームによる支援が、より利用者本人に寄り添った意思決定につながっていくと考えられます。ここでは、個別支援計画の作成を複数の支援者がチームで進めていく場合について考えてみます。

ⅰ. 個別支援計画を作る際の意思決定支援

　意思決定支援を行う現場では、特に個別支援計画を作成する場面で、利用者の意思をどのように汲み取り、利用者中心計画に活かすかが大きな課題となります。個別支援計画は、大きく分けて、サービス管理責任者が単独で作成する場合と、支援者と協力して作成する場合があります。ここでは後者を中心に考えてみます。

　個別支援計画を作成する際の意思決定支援においては、利用者自身の願いや思いを各スタッフが把握した上で、ケーススタディの中で意思の確認をします。

　利用者の状況と利用者から発せられる「願い（デマンド）」を福祉サービス等の社会資源との調整の中で「生活全般の解決すべき課題（ニーズ）」に転換し、利用者の参画を得て、利用者と一緒に確認しながら実現可能な目標を設定していきます。個別支援計画を作成する上でのチームによる取り組みは、利用者の意思を支援者が汲み取る力をつけ、利用者のサインをどう読み取るのかを他の支援者の意見も参考にしながら学んでいくグループスーパービジョン（85頁参照）の過程ともなります。また、

スーパーバイジーとしての支援者が成長する過程でもあります。スーパーバイザーはサービス管理責任者が担うことになります。知的障害者支援の現場では担当者だけが支援を行っているわけではなく、多くのスタッフが関わる中で行われています。個別支援計画を作る過程も同様にチームでの取り組みが多くなると思われます。

グループスーパービジョン

＊スーパーバイジーに対して、複数のスーパーバイザーが行うグループ形式のスーパービジョンの形態をさします。グループスーパービジョンの過程はグループワークの過程と似ています。

＊個別ケースに応じて深く検討できにくいという難点がある反面、複数のスーパーバイザーによる多様な意見、評価、示唆、支持を得ることができ、スーパーバイザーとスーパーバイジーが相互に影響し合い、それぞれ学びあうことが可能となります。その機能は個別スーパービジョンと同様で、方法は、事例研究的方法、ロールプレイ、共通の課題について検討する共同参加型法などがあり、目的に合わせて使い分けることが望まれます。

ⅱ．個別支援計画作成の過程

まずは、課題別に状況を整理し、現在の状況をケース記録に書き出します。ここでは、日常生活で発せられた本人の願いや思いも記録されています。前回の個別支援計画の個別目標から現状分析し、デマンドからニーズへの転換作業などを行い、課題や目標を仮に立てます。その上で、利用者の日常を再度観察し、意向を確認し、個別支援計画の素案を作成します。

グループ会議（別称：担当者会議、フロア会議等）は、サービス管理責任者を中心に招集し、各担当利用者の個別支援計画の素案を持ち寄り、ケーススタディを行います。担当の支援者から、本人の意向や半期の本人の状況、個別支援目標に沿って支援内容を説明し、次期の個別支援計

画の素案について発表してもらいます。この時に、常勤支援員、非常勤支援員も含めた同じグループの支援者から、日常の状況や支援方法の工夫などに関する意見を集めます。（非常勤支援員が会議参加困難な場合には、事前に担当支援員が意見聴取しておく必要があります。）この段階で、支援者相互の知識や経験を共有化することで、支援者の視野を拡大していくことができます。サービス管理責任者は、全体の意見を集約し個別支援計画を作成します。

　この過程で留意すべきことは、本人の願いや意向を踏まえた支援方法等に関する支援者間の共通理解です。多くの事業所では、常に複数の支援者が共働で支援しているので、複数の支援者間で統一した支援が提供されていることが大切です。このため、支援方法についても計画に記し「同一ルール・同一タッチ」を支援者間で確認しておく必要があります。また、個々の支援者の経験や利用者との信頼関係が異なり、利用者からの反応や示される意思表示にも差異が生じることから、経験の浅い支援員も非常勤支援員も取り組み可能な支援計画にする必要があります。

【事例：Aさんの個別支援計画を見直す】

ア．Aさんの近況と願い・思い

　（女性、49歳、障害支援区分5、愛の手帳4度）

　障害者支援施設での現生活は落ち着いており、時折、他の女性利用者との口論もみられるが、当事者や支援員との話し合いで解決しています。強迫神経症状によるおまじない行為は日常的にみられるが、本人が不安な場面（起床・排泄・入浴等）では支援員が付き添い、見守ることで、ここ数年安定してきており、その安定感が自信にも繋がっています。

　日常生活の中でAさんから表出されている願いや思いは、缶コーヒーを毎日飲みたい、ご飯をたくさん食べたい、外出がしたい、好きな歌手のコンサートへ行きたい、手芸がしたい、ピアノが弾きたいなどです。

イ．複数の支援者の視点で計画を見直す

　担当支援員Cは、Aさんがここ数年とても良い情緒で安定して生活できているため、目標は大きく変更せずに継続することを提案しました。

　サービス管理責任者Bは、生活場面で少し不安定になることが見られるものの、日常生活は概ね安定していると思われるので、担当支援員Cの提案に賛意を示しました。他方で、日々の生活の中で表出されているAさんの願いを実現することを検討したいと提案しました。

　支援員Dは、事前に整理されているAさんの願いや思いの中で、外出は実現可能と思うこと、その外出を好きな歌手のコンサートと組み合わせたらどうかと提案しました。

　担当支援員Cは、支援員Dの提案はAさんの生活の意欲がさらに向上すると考えられることから、計画に盛り込みたいと答えました。

　支援員Eは、日中活動でも本人が継続して意欲的に行えるように、活動の内容を詳しく明記することを提案し、さらにAさんが希望している手芸を日中活動の中で取り組んだらどうかと提案しました。

　担当支援員Cは、Aさんが活動に意欲的に取り組めるように日中活動内容を計画に詳しく載せることにし、手芸については教える人も必要なので日中活動の担当支援員と検討したいと答えました。

　サービス管理責任者Bは、缶コーヒーを毎日飲みたい、ご飯をたくさん食べたいというAさんの希望は、生活習慣病など健康面に直結することなので、看護師や栄養士と話し合い、Aさんにわかりやすく説明した上で、摂取の仕方を検討していくことを提案しました。

　最後に、これらの検討結果をAさんに理解ができるように伝えることを会議に参加した支援員に確認しました。

　後日、Aさんは見直し後の個別支援計画案の説明を受けるために、担当支援員Cと面談をしました。担当支援員Cは、Aさんの個別支援計画を読み上げ説明し、Aさんの希望を実現していくよう一緒に頑張ってい

現場で活かせる意思決定支援 ❋ 87

きたいと伝えると、Aさんは嬉しそうにしており、「これからも頑張る」と答えました。

　ここで述べたような個別支援計画の検討や見直しの場面における支援者間のやり取りは、どこの施設や事業所においても日常的に見られる光景だと思います。意思決定支援の具体的な取り組みが求められている支援現場においては、これまで以上に本人の意向や思いを丁寧に聴き取り、かつ、それらを実現に至らしめる工夫が重要になってきます。
　特にサービス管理責任者は、前述したグループスーパービジョンなどの手法を用いて、支援者同士で意思決定支援に関する具体的な取り組みを深めていけるように心がけていく必要があります。

〈コラムⅡ〉

日常生活における意思決定支援

　今日、何を着るか、何を食べるか、何をするか、トイレに行くか、歯磨きをするか…等々、生活や活動の多様な場面で意思決定が求められます。個々の場面においてそれぞれ適切な判断が求められます。

　知的障害者には苦手なことがたくさんあります。意思決定支援は、パターナリズムとデマンドとニーズとその間に横たわる心理的な関係性によって大きく変容する可能性があります。それが、利用者と一支援者の関係性だけで決められるとするならば、支援者の能力や個別性に大きく影響を受けてしまうことになります。複数の支援者が関わることで、支援の偏りを平準化し、利用者が納得できる結論に近づくことができると考えます。

① 何を飲むか

　喫茶店で「何を飲む？」と尋ねられると「コーラ、コーラ、コーラ」と言う利用者がいます。「コーラでいいのね？」と確認すると、再び「コーラ、コーラ、コーラ」と言います。そこでコーラを頼み、本人の前にコーラを置きますが、一切手をつけません。勧めてみますが、舐めるだけで飲みません。スタッフが注文したコーヒーを前に置くと、おいしそうに飲みます。

　帰園後、スタッフ間で確認し合います。「コーラ」は、音の響きが好きなだけで、飲み物としての「コーラ」は好きではないのではないか、との意見が出ます。次回の喫茶店利用で確認しようということになり、コーラとコーヒーを並べると、やはりコーヒーをおいしそうに飲みます。「本人の意思は、話している言葉ではなく実証することで確認できるね」と同じグループの支援者で確認しました。

② 何を着るか

　ある障害者支援施設には一応の決まりがあり、入浴時に着ている洋服を洗濯に出します。しかし、ある利用者には「お気に入りの服は毎日着たい」という気持ちがあります。入浴の直前に自室でお気に入りの服を脱ぎ、新しい服を着て脱衣所でそれを脱いで入浴し、入浴後に自室にある洗濯をしていないお気に入りの服を再び着ます。見つかると注意され、お気に入りの服を洗濯に出されてしまう、ということを繰り返しています。

　グループ会議で、本人の意思を尊重しながら清潔なものを着るようにするにはどうしたらよいかを話し合いました。

・洗濯に出して戻ってきたら、お気に入りの服を着る。

・同じ服を複数枚買っておく。

・買い物に一緒に行き、本人の許可を得て同じような柄の少し違った服を買っておく（「これも着てみる？」などと話し、許可を得て、買い物かごに自分で入れてもらう。）。

　これらを繰り返しながら、本人の着られる服を増やしていくという方向性を決め、本人とも話し合いながら進めました。

③ 何をするか

　「明日のレクリエーションは何にします？」

　普通は職員だけで決めて、利用者は参加するだけの事業所が多いのではないでしょうか。生活介護事業所においても就労継続系の事業所においても、利用者から多くの意見が寄せられるように心がけることが大切です。一つのプログラムに集約する必要もないかもしれません。利用者の意見をまず聞くこと。できれば前日までに聞いておき、利用者が帰った後に協議し、いくつかのプログラムを作り、翌日、利用者に選択してもらいます。その過程で共同決定が含まれてくるといえます。

2 支援現場で必要な意思決定支援

1 意思決定支援と支援者の姿勢

①意思形成支援～すべては「相談」するところから始まる～

　人は、「相談される」という状況に身を置かなければ、こたえようとする、すなわち「自己決定しよう」と思うようにならない生物です。「何か食べたい？」と聞かれるから、思いを巡らし「ラーメンが食べたい」とこたえるようになるわけです。そろそろお昼の時間だからと、ラーメンがオートマチックに出てきてしまう状況では、こたえようとする気持ち（力）は育ちません。とすると、「相談する」という行為が、意思決定支援のスタートであるということが、まず確認できます。

　次に、なぜ人が「相談する」という行為を発動させるかということについて考えてみましょう。それは、「相談」者が、「相談」の対象者には「相談」すれば必ずこたえを返す能力があるだろうと暗黙裡に了解しているからです。つまり、こたえが返りそうもないときには、私たち支援者は「相談」しないのです。

　ここで、世間の常識が邪魔をします。重い知的障害の方を目の前にして、いったいどのくらいの人が、「相談」されればこたえを返すことができる能力を持ち合わせていると考えるでしょうか。世間一般どころか、知的障害のある人と暮らす家族からも次のような言葉を聞くことがあります。

　「うちの子は、何を聞いても分かりませんから…」「食べることくらいしか楽しみがないですから…」「言うことをきかないようなら何回も言って聞かせてください…」こうした言葉の裏には、知的障害のある人は、特に障害が重ければ重いほど「相談」に値しないという無意識の思い込

みがあるのです。

　つまり、どんなに重い知的障害があっても「相談」されればこたえを
返す力があるのだと、世間の常識に反して信じることが、意思決定支援
ということになります。

　このように、意思決定支援は難しいからこそ専門的な仕事なのです。
わたしたち支援者の仕事は、世間の常識を翻すことにチャレンジするこ
とです。

②意思表出支援〜表出行動の適切な言語化〜

　どんなに重い知的障害があっても、「相談」し続ければ必ず何らかの
こたえをくれるようになります。しかし、そのためには、絶対に必要な
条件があります。それは、こたえ（意思表出行動）を否定しないことで
す。「オシッコに行こうか？」と誘っても動かない時、その行動は「相談」
をしたことの結果として返してくれたこたえ（意思表出行動）ですから
否定してはいけないのです。これを否定することは、せっかく出たかた
つむりの角を強く突くようなものです。このようなことが日常的に繰り
返されれば、かたつむりはもう角を出さなくなってしまうでしょう。動
かない時、「そうですね、行くのがイヤなのですね…それではまたあと
で誘いに来ますね」、これが相談の帰結としてのやりとりです。自己決
定は、決して一人でなされるものではありません。いつでもそれはコラ
ボレーション（共同作業）です。「動かない」という意思と、それを受
け止める支援者の「行くのがイヤなのだ」という反射板があって、「動
かない」という意思が、自己決定として成立してくるのです。

　言葉にならない意思表出行動を言語化すること、そして、そうし続け
る日常が、単なる意思表出の段階にあった行動を意思形成・意思決定へ
向かわせるのです。

　彼らの内面世界を推測であるにしろ言語化することは、彼らがそのよ

うなことを考えたり、感じたり、思ったりしても良いのだという安心感を提供します。「イヤなのですね」と言語化されれば、「イヤって思って良いんだ」と思い、「寂しかったのですね」と言語化されれば、「これが寂しさというやつか、この気持ち、否定しなくても良いんだ」というわけです。

　人は、考えたり、感じたりすることは自由です。寂しいとか、苦しいとか、やりたくないとか、できないとか、この野郎とか、やってられるかとか、もう頑張れないとか、もう死にたいとか、たとえ心の中で思ってはいても、言語化して表出し難い感情は山ほどあります。どんなに障害が重くても、そのような心のうちを言語化されることが、「そう思っても良いんだ」というエンパワメントの階段を昇り始める第一歩になるのです。

③問われているのは支援者の意思受信（チューナー）能力

　次に、言葉にならない意思表出行動を言語化していく能力について考えてみることにします。これは、支援者側の問題になります。

　「オシッコに誘っても動かない」くらいのことなら、誰でもこの意思表出行動に秘められた気持ちの一つくらいは言語化できます。一番簡単で誰もが推測できる気持ちは、「今はオシッコがしたくない」です。または「オシッコがしたいのかしたくないのかが、（重い知的障害のために）分からない」です。しかし、人の気持ちは、そんな簡単ではありません。同じ「動かない」状況であっても、その理由は様々に推測することができます。

　「あなたには誘ってもらいたくない」「今は、面白いテレビを見ているから行きたくない」「今、行こうと思っていたのにうるさいなぁ」、さらには「あなたはわたしのことをわかってくれないから、わたしはあなたのいうことはききたくない」という場合もあるでしょう。まだあります。

「さっき行ったばかりだよ」「眠いなぁ、面倒臭いなぁ」、あるいは、熱がある、下痢をしているというような体調が悪い時には、オシッコどころではないかもしれません。「さっき違う職員に誘われてお便所に行ったばかりです」などという場合は、職員同士で全く連携が取れていない最低の支援状況です。

　さらに違う場面で考えてみます。ある入所支援施設で他の家族の面会を見てパニックになった人がいます。世間の常識的な対応ではこうなります。「あなたの面会は今日ではありません。だから今日は、お母さんは来ません」当然パニックは収まりませんから、「(騒いでいると)みんなの迷惑になるから居室で静かに待っていましょう」となるでしょう。

　しかし、これではこの人の気持ちの言語化には全くなっていません。つまりこの対応では、この人の意思形成の機会を奪い、パニックという形であるにしろ、意思表出を図ったエンパワメントの芽を摘み取ったことになります。

　「羨ましかったのですね」「お母さんが来ないと寂しくなっちゃいますね」「電話したくなっちゃいましたか？」「次の面会の日を決めてもらいましょうね」「本当はパニックなんか起こして大暴れしたくないんですよね」、これが彼のパニックに対する適切な言語化ではないでしょうか。

　つまり、問われているのは、重い知的障害のある人の意思表出能力ではなくて、支援者側の意思受信能力なのです。意思表出行動を受け止める受信機（チューナー）の能力が問われているのです。高性能な広帯域のチューナーを持ち、さらに個々に異なる意思表出行動の背景にある意思に即座にチューニングできる能力が意思決定支援には必要とされています。どんなに重い知的障害の方であっても、必ず相談のこたえを伝えてくれています。ただそのこたえにチューニングを合わせることができる支援者が少な過ぎるのです。

　ですから、サービス利用計画作成時等に「ニーズを聞いてください」

といわれた時、「しゃべることができない人はどうしたらいいですか」などと自分のチューナーの無能力を棚に上げて堂々と質問するような支援者が後を絶たないのです。

　実は、この意思表出行動の裏に潜む本当の気持ちにチューニングできる能力は、支援者が自分の行動を注意深く自己分析する練習によって鍛え上げることができます。

　例えば、先ほど挙げた他の家族の面会時のパニックのような「会いたい人に会えないときの気持ち」は、支援者自身が父親や母親、配偶者や子ども、恋人や友達に会えないときに生じる気持ちやしたくなる行動を自己分析することで想像することができます。

　自分ならば「電話しようか、それともメールにしようか。少なくとも連絡が来るのを待っているのではなく自分から何らかの方法で連絡するだろうな。そうだ、面会をお願いして日程を決めてもらおう。そして、しばらく会っていなくて、次に会う約束もなくて寂しかったことを伝えて、解ってもらおう」等と考え、行動するのではないでしょうか。

④ストーリーとしての人生から読み解く意思の所在

　私たち支援者が用いる双方向のコミュニケーションは、単なる「情報のやりとり」ではありません。さらにその相手が知的障害だとしたら、さらに情報のやりとりという側面は小さくなります。情報を処理する能力に障害があるのが知的障害の特性であるからです。

　やりとりされるのは、情報の裏にある感情や周辺状況なのです。その感情や周辺状況のやりとりこそが共感の基礎になります。

　犬を見て、「あー！」という声を発し、指さした時に伝えたいのは、「ジス イズ ア ドッグ」という情報や説明ではなく「かわいいね」あるいは反対に「おっかない」や「うちにいるよ」「飼いたいなあ」という感情や周辺状況なのです。

さらに、「かわいいね」「おっかない」「うちにいるよ」「飼いたいなぁ」等を的確に共感し返答するためには、その人の暮らしを物語として知っている必要があります。例えば、「とても大切にしていた犬、名前をシロっていうのだけれど、この間、いよいよ年老いて亡くなっちゃったの。とても悲しかったけれど、わたしは犬が大好き」ということを知っているのと知らないのとでは、返答がまるで異なるのです。その物語を知っていれば、「シロ、かわいかったですね、またお家にシロみたいな犬が来ればいいですね。今度お母さんに頼んでみましょうか」となるでしょう。

　それでは、もう一つ考えてみましょう。
　何回となく「ドラえもん」と伝えに来る方がいます。「ドラえもん」と同じように言い返してほしいのかと思い、その都度言い返しますが、まだ「ドラえもん」は続きます。DVDを観ても止まらないので、「ドラえもん」をみたいわけでもありません。思い返すと、イライラしているときに「ドラえもん」の伝達が多いような気がします。
　そこで彼の気持ちになって「ドラえもん」の連想ゲームをしてみることにします。

・「ドラえもん」→青→四次元ポケット→猫型ロボット？
・「ドラえもん」→のび太→ジャイアン→スネ夫？
・「ドラえもん」→どこでもドア→いつも助けてくれる→→→→→
　　→イライラしたときに言うということは「助けてくれ！」!?

　そこでストーリーです。
　「今日は朝から特別支援学校の初めての実習生が３人来ています。そのうち２人は穏やかですが、ひとりは、ずっと何かしゃべりながら、時々大声を上げています。わけのわからない人が来るだけでもイヤなのに、声を出し続けているなんてとても耐えられません。何とかならないの!?」

これでは確かに「ドラえもん！」と叫びたくなります。「そうですよね、そうですよね、朝から大変でしたよね。どうしたらいいのか相談していなくて申し訳なかったです。実習生に帰れというわけにもいかないから、今日は実習生とは離れたところで過ごせばいいですよ。どのお部屋が良いですか？」

　これが、意思表出支援、意思形成支援、意思決定支援ということになります。

⑤意思の存在の確信と応答への確信

　乳児は泣くのが仕事などといわれます。泣いては母親を呼び、駆け付けた母親は必ず何らかのかかわりを持ちます。それがコミュニケーションの始まりです。次第に（とはいえ急速に）乳児には自分が何かを発すれば（発信すれば）必ず応答があるのだという確信が芽生えてきます。一回でき上がった確信は、たとえ時々応答がなかったとしても揺ぎなく続き、母親への信頼になっていきます。応答への確信は、人を孤立させず、つながりの中での存在を保証します。

　なぜ、母親は乳児の発信に対して応答し続けるのか。それは紛れもない乳児の意思の存在に対する確信があるからです。

　「人」はつながりの中で初めて「人間」になることができますが、そのつながりをつくるのは、意思の存在への確信と応答への確信なのです。

　どんなに障害が重くても意思があり、自分らしい人生を歩むことができる。彼らをつながりの中にとどめおくことができるのは、支援者が世間の常識に反して、この２つの確信を持ち続けることができるかどうかにかかっているのです。

文献
・宮下智（2016）スキルアップ「知的障害者の意思表示、意思決定支援はどうあるべきなのでしょうか」知的障害福祉研究　さぽーと693　42-43

2 意思決定支援におけるジレンマ（リスク管理と安全性）

　自らの人生を主体的に生きていくためには、「自分のことは自分で決める」という自己決定が保障されていることが大切です。したがって、知的障害や精神障害等によって意思の確認が困難な方に対しては、「意思決定支援」は人間存在の核心部分に関わる重要な支援といえます。

　しかし、支援の現場でこれを実践しようとするとき、支援者はしばしば「ジレンマ」ともいうべき状況に陥ることがあります。それは、あるときは支援の人員不足による個別対応の限界であったり、あるときは失敗を回避するためのパターナリズムの行使であったりします。しかし大切なことは、これは障害のある人の「意思決定能力」の問題ではなく、支援者や社会の側の「意思決定支援能力」の問題なのだと認識して、できる限り自己決定に近づくような支援をしていくことです。

①意思決定支援のジレンマ

　意思決定支援は、本人の側からみれば、「支援付き意思決定」といえます。意思決定の主体は障害のある本人であり、本人ができる限り自分らしい決定ができるよう必要な支援をしていくという視点が大切です。しかし意思決定支援を尽くしても、どうしても自己決定が困難なときは、本人の意思を推定し支援者が決定する場合があります。その場合でも、できる限り本人らしい決定がなされるように、十分な配慮が必要です。

　このように、できる限り自己決定ができるように意思決定支援をしていくとき、支援者はしばしば「ジレンマ」ともいうべき状況に陥ることがあります。「ジレンマ」とは、「ある問題に対して２つの選択肢が存在し、そのどちらを選んでも何らかの不利益があり、態度を決めかねる状態」です。支援者に十分な時間があり、丁寧に支援できる状況があれば、本人はいつも納得して最終的な意思決定ができるかもしれません。しかし、支援の現場では、様々な事情により、支援に制限が生じることがあ

ります。意思決定支援の現場で支援者がジレンマに陥るのは、「できる限り本人に意思決定をしてもらえるように支援したいが、じっくりと手間と時間をかけて支援をしている余裕がない」というような状況が起こるからです。

②「説得的コミュニケーション」と「リスクコミュニケーション」

支援者が本人の意思決定を支援していく際に用いるコミュニケーション方法として、「説得的コミュニケーション」と「リスクコミュニケーション」という2つのアプローチがあります。

以下の2つのやりとりは、どちらも「会社の飲み会に行きたい」という利用者の要望に対する支援者のやりとりです。利用者のセリフも支援者のセリフもほとんど同じですが、利用者の意思決定に与える影響はまったく違うものになることがわかるでしょう。

説得的コミュニケーション

利用者：「次の日曜、飲み会に誘われたんだけど、どうしたらいい？」
支援者：「行ってもいいと思いますけど…。月曜日、きついのではないですか？」
利用者：「Bくんも行くしさ」
支援者：「先々週もそう言って朝起きられなかったですよね」
利用者：「う～ん、どうしようかな～…」
支援者：「お金も今月厳しいですよね」
利用者：「う～ん…」

リスクコミュニケーション

利用者：「次の日曜、飲み会に誘われたんだけど、どうしたらいい？」
支援者：「行ってもいいのではないですか？でも、遅くなったら月曜日がきついですよ。お金も今月厳しいですしね」
利用者：「う～ん、どうしようかな～…」
支援者：「考えてみてくださいね」

「説得的コミュニケーション」は、あらかじめ用意された結論に本人を導いていくように展開されるコミュニケーションです。この利用者は、前回の飲み会のときに翌日の朝起きられなくて会社に遅刻したのでしょうか。支援者は、もしかしたら"利用者のため"を思って、今回は飲み会を断った方が良いと考えていたのかもしれません。前回の失敗や今月のお金の厳しさを小出しにしながら、利用者が「今回は断ろう」と"自分から"言い出すように導いていこうとしています。

一方、「リスクコミュニケーション」は、その選択の結果予測されるリスクを説明した上で本人の選択を引き出していくアプローチであり、医者の患者へのインフォームド・コンセント等がこれにあたります。上記の例の場合は、前回の失敗を踏まえて、翌日の朝がきついこと、今月のお金が厳しいことを先に説明し、その上で利用者が"自分で"結論を出せるように導こうとしています。支援者は、利用者が飲み会に行くという結論を出しても、行かないという結論を出しても、その結果を受け止めるという前提に立っています。

この2つのアプローチはどちらが良いということではありません。リスクコミュニケーションにしても、どちらか一方が専門的知識を独占している場合にはその選択性には疑問が残るといわれています。専門家側の結果に対する認識が結果に大きな影響を及ぼすからです。支援者は、意思決定支援の場面において、これらのアプローチが意識的・無意識的に使い分けられているということを認識しておく必要があります。

現場のサービスは、1人の利用者に1人の支援者で支援できるわけではありません。障害福祉サービスの配置基準に基づき、複数の利用者をチームで支援しているのが福祉現場です。当然、人がいない、時間がない、次の予定が迫っている等々、「現場の事情」ともいうべき状況が日々、発生しています。その中で、「わかってはいるけど、できないこと」がたくさん出てきます。そのとき、支援者は、無意識的に「説得的コミュ

ニケーション」を多用して支援していることに気づきます。それは、「利用者がどちらの結論を出しても大丈夫」といえないからです。支援者にとって都合の良い結果になるように導こうとする誘惑が、現場にはいつもあるのだということを認識しておく必要があります。その上で、様々な工夫で余裕を作り出し、少しでも利用者が適切な自己決定ができるように配慮していくことが重要です。

③リスク管理と安全性のジレンマ

　本人の利益のために、本人の決定ではないことを行う「パターナリズム（父親的温情主義)」[*1] が行使されるときがあります。それは、本人によって決定されたものが、必ずしも本人にとって有益なことではないと言い得る場合に行使されます。パターナリズムは、必ずしも悪いこととは言い切れない場面があることは、現場で支援に当たっている者の実感でしょう。取り返しのつかない大きな失敗につながる選択をさせないことも、また意思決定支援では重要な要素といえるのではないでしょうか。では、どこまで本人の意思を尊重し、どこから管理するのか。意思決定支援の究極的なジレンマは、この「リスク管理と安全性」に関わるものだと思います。

　あまり、安全性ばかりが強調されない方が良いでしょう。命に関わるようなものではなく、取り返しのつかないほどのことではないのであれば、本人の意思決定を尊重する立場からは、できる限り、本人に決定してもらう姿勢が求められます。これを現場で実践するためには、意思決定支援について日頃からチームで十分に話し合い、「ここまでは本人の意思を尊重できる」というある程度のラインを共有しておくことが大切です。

[*1] P.59に注釈あり

■事例　一人暮らしを目指す利用者の買い物支援
【ケース概要】

Aさん（21歳男性）
宿泊型自立訓練事業の利用３年目
新年度から、宿泊型自立訓練を退所して一人暮らしへ移行する予定。
グループホームにするか、一人暮らしにするか、悩んだ結果、一人暮らしを選択した。
現在、事業所内の自立生活体験室で一人暮らしの模擬体験をしながら新生活の準備をしている。本人は自分の選択に自信が持てていない様子もあり、準備をしながら、具体的なイメージを膨らませ、本人の選択を支えていく支援を行っている。

【衣類購入の場面での意思決定支援】
　Aさんは、現在は宿泊型自立訓練（以下、宿泊型）を利用しながら、アパート生活での一人暮らしに向けて準備をしています。一般企業に就職していて、工場での製品作りや検品作業をし、月12万円の給料と障害基礎年金（２級）で生活しています。幼少期に両親が離婚し、小学生の時に母と死別し、それから18歳まで児童養護施設（以下、施設）で育ち、特別支援学校卒業後から宿泊型を利用しています。
　ある週末、地域生活に向けての第一歩に、Aさんと衣類の購入に行きました。Aさんの私服は施設時代から着ている、社会人の現在には相応しくないデザインやサイズのものばかりで、宿泊型利用中も自ら新しいものを買いに行こうとすることはほとんどありません。施設の時は施設職員に買ってきてもらっていたため、自分で購入に行った経験が一切ないということもあるでしょう。今回の購入も宿泊型支援員による、数回の声かけにより実現したもので、まずは自分が今何を持っているか、何が必要かを整理し、書き出すことから始めました。

現場で活かせる意思決定支援　❋　103

事前の打ち合わせでは本人と宿泊型支援員2名が参加しました。欲しい衣類を購入するまでに至る経緯を細かくシミュレーションして臨むことになりました。手持ちの衣類の中で不要なものはどれか、新たに購入したい衣類はどのようなものか、どれぐらいのお金があれば足りるのか、どこに購入に行くかといった購入に至るまでの流れを細かく分け、本人の意思を尊重したものになるよう心掛けました。

　まず、不要な衣類の選別から行いました。支援員に指摘されていた衣類のほかに、自らが選んだものも他に数点あり、口頭だけでなく選別の時間を設ければ、選ぶことができる様子です。その後、自分で必要な衣類を書き出しました。3万円という予算の中で、靴・ジャージ上下・ジーパン・コート・セーター・パーカーなどを購入するため、支援員同行のもと、宿泊型近くのショッピングセンターに行きました。

　最初に靴屋に行きました。初めのうちは、支援員について回るところも見受けられましたが、自分の好きなものを選ぶよう声をかけると、好きなデザインのものを探すことができました。店員に声をかけてもらい、試し履きまで辿り着きました。2足に絞ったところでどちらにするか問うと、試し履きした時の感覚を参考に選ぶことができていた様子です。次に、「ジャージ上下でどのぐらいの値段がするのか先に見ておいてはどうですか」とアドバイスすると応じ、スポーツ店ではある程度のお金を残しておかなければいけないことを確認しました。

　その後、約17,000円の中でジーパン・コート・セーター・パーカーを買う予定で別の洋服店に行きました。洋服店でも支援員について回ろうとするため、メモを参考にまずは自分で選び、その後確認することにして一人で選ぶ時間を設けました。Aさんはまずジーパンを選びにいき、数点手にとって見ているところで女性店員に声をかけられました。若い女性だったこともあり、促されるまま12,000円のジーパンを試着に行き、裾上げ注文まで済ませたところで支援員より声をかけられました。

もう一度メモを確認し、それを購入してしまうと他が買えなくなるが良いのか話しました。すると、思い出したかのような顔をし、他の安いジーパンに変更し、予定通りすべてのものを購入することができました。

【振り返り】
　衣類購入後、振り返りを実施しました。Aさんの気持ちを聞くと、慣れた店や自分の好きなもの（プラモデルやDVD）を買う時は自分一人だけでも買いに行くことができ、不要なものを店員に勧められても断ることができますが、「入ったことのないお店に行くのは苦手だし、緊張する」と話していました。予定金額から見て高額なジーパンを購入してしまいそうになった点については、「正直、金額を確認して高いなと思ったが、試着して女性店員に似合うと言われて買う気になってしまい、他の買い物までは頭が回らなかった」と話しています。そして、購入した商品を後から返品する際にどうしたらいいかという解決策まではわからなかったそうです。
　一方、支援員としては、事前に購入リストを作成していたことや洋服店に入る前にスポーツ店に寄りジャージの金額を確認していたこともあり、それを買うのは避けた方がいいのではないかという意図からの声掛けでした。しかし、意思決定という観点から本人の意思を尊重するなら、そのままジーパンを購入することも一つの経験になったかもしれません。衣類購入の機会がこれまで一切といっていいほどなく、周りに購入してもらっていたり、職員からの促しがあってからでないと購入に行こうとしなかったりする彼だからこそ、どんなきっかけであれ「本人が買いたい」と決定したものを受け入れることも大事であったかもしれない、と振り返っています。

④意思決定支援能力の向上を

　この事例では、現場の支援員が直面するジレンマがたくさん出ています。この施設では、Aさんの一人暮らしを応援する方向で支援方針は一致していました。しかし買い物の場面では、Aさんと支援員の2人だけです。そんな中、洋服を買うという経験があまりないAさんが、女性店員の勧めで支援員の目から見れば失敗だと思える選択をしようとしています。他の職員に相談して決めることはできません。17,000円の残金で、12,000円のジーパンを買う場面で、介入の声掛けをしたことが良かったのか？残りの買い物ができなくなる失敗の経験をさせてあげることが良かったのか？ジーパンが8,000円だったらどうしただろうか？15,000円なら？

　一方、Aさんが利用している定員30名の宿泊型には施設長含め支援員は6人しかおらず、購入同行はできても、意に反した商品を購入した際の返品作業を30名に同じように支援するのは正直厳しいという現実があります。取り返しのつかない程ではないとしても、失敗を含めて経験してもらうための支援には、時間や人手、心の余裕が必要なのも確かです。

　このようなジレンマは、完全になくなることはないでしょう。また、正解があるわけでもありません。どこまでいっても程度の問題だということは認識しておく必要があります。しかし、支援者の意思決定支援に関する知識や技術、経験等、様々な準備が整っていれば、かなりのところまで許容することができるのではないでしょうか。大切なことは、この問題を障害のある人の「意思決定能力」の問題ではなく、支援者や社会の側の「意思決定支援能力」の問題なのだと認識することです。努力するのは障害のある人ではなく、私たち支援者です。そう考えることができれば、できることがどんどん頭に浮かんでくるのではないでしょうか。

自分たちが努力すればするほど、障害のある本人の決定が自己決定に近づいていき、経験が蓄積されて、より主体的な自己決定ができるようになっていく。そうなれば、意思決定支援にかかる支援者の負荷は逆に下がっていき、手が離れていくこともあるかもしれません。「ジレンマ」が完全になくなることはないとしても、それを解きほぐすための近道は、意思決定支援に真摯に取り組んでいくことなのではないでしょうか。

文献等
・石川准・長瀬修編著（1999）『障害学への招待』　明石書店
・菅富美枝（2012）「障害（者）法学の観点からみた成年後見制度―公的サービスとしての「意思決定支援」」（大原社会問題研究所雑誌）
・古屋健・三谷嘉明（2004）「知的障害を持つ人の自己決定」（名古屋女子大学研究紀要）
・北原守（2012）「障害者総合支援法と障害者の意思決定支援のあり方」『月刊福祉』12月号
※参考にした研修会
・第14回全国障害者生活支援研究セミナー　意思決定と支援Ⅲ～実践からみた「意思決定支援」～、2013年2月16日～17日、主催：特定非営利活動法人　全国障害者生活支援研究会

3 情報提供と体験

　知的障害のある人は、その障害特性から、抽象的なことの理解や想像すること、先を見て考えることなどが苦手です。さらに情報や知識、経験が不足していたり、説明を受ける機会が少なかったりで、自分の気持ち、意思をうまく表現する方法が育っていなかったりと、苦手とするところが多々あります。だからこそ、誰かが寄り添って支援することが大切なのです。

　本人の意思を尊重するためには、あらゆる情報を提供することが大前提となります。そのためには、本人に理解してもらう工夫をし、わかりやすくその人にふさわしい情報提供の手段を考えることです。

　具体的には、文字や写真、絵カード、ピクトグラム、タブレット（電子機器類を活用できる手順書等の手立て含む）、スケジュール等の構造化や環境整備などがありますが、その前提として、体験や経験を含むことが必要です。

　その人の持っている意思決定の力を正しく理解し、その力を本人が適切に使えるように環境調整し、力が不足しているのであれば、支援によって適切に補完します。コミュニケーションの仕方（決定した意思を見落とさずしっかりと読み取る、汲み取ることができているか）も重要になります。また、言葉だけでなく、表情や動作などのわずかな心身の変化を意思表出として捉えるなど、支援者の態度・方法・技術によって大きく異なることも理解しておく必要があります。

　障害が重度であればあるほど、また意思決定能力とその条件が乏しければ乏しいほど関わる支援側の姿勢が問われています。

　支援の方法や段階に違いがあるにしても、どんなに障害が重い人も「意思」を持ち、その決定を支える努力が支援者に求められているのです。

1　重症心身障害者への意思決定支援の取り組み

　北海道北ひろしま市にある『北広島デイセンター』の事例を紹介します。重症心身障害者7名（男性2名、女性5名）のうち、常時医療ケアを必要とする3名を中心とした支援の事例です。

＜事例1＞
　日常の意思確認手段の一つに、「透明パネル」があります。何種類か用意されていて、例えば『トイレとお茶』を絵と文字で書いたものを示し、パネルを通して本人の目の動き、表情等から意思を確認しています。

　日中活動プログラムは、選ぶ楽しさを感じて欲しいと「体力作り」「作業」「地域クリーン活動」「創作活動」「音楽活動」「社会参加」「療育活動」「レクリエーション」「個別活動」の9つに分類し、さらに細分化することで25種の活動が体験できる仕組みとなっています。プログラムは四半期ごとに検討し再編成されます。
　体験型プログラムが年間60回、例えば「音楽活動」は楽器の演奏が中心ですが、「本物の太鼓演奏を聴いてみる？」「ちょっと巨大な太鼓たたいてみる？」「せっかく練習したのだから発表してみる？」「本物のピアノ演奏を聴いてみたい！」というように自分の思いが拡がり、実際に

形となり体験、経験できるプログラムとなっています。

　また、日帰りの外出先を選んでもらうために「映画」「水族館」「空港」「○○パーク」等、1本60秒程度のプロモーションビデオを8本ほど作成し、いつでも部屋の中で流せる環境を作ったところ、本人からの反応に今までと違うものが出てきました。また、情報提供ツールとしてタブレット端末（ipad）やスマートフォンの活用をすすめたことで支援展開に可能性が拡がり、情報量が多くても本人たちは読み取ることができるということに気づきました。

　それでも意思表出を読み取れない方がいたので、着目したのが脈拍です。何に心が動いているのかわかるかもしれないと、ビデオを観てもらいながら脈を計測したところ、ビデオ視聴を通して脈に変化があり、常に気持ちが揺れ動いていることがわかりました。

　以上のことから、意思を表出しやすくする方法は一人ひとりに違いがあることがわかりました。

　「そのひとにあった支援を決めるための環境・順序・手だて・システムを整え、意思が作られていく過程をとにかく丁寧に支援し、自分で決めた思いを形にしていく体験をどんどん積み重ねて、深い経験としていく。本人と寄り添う支援者によるこの主体的な意思決定プロセスが社会

の中で大切にされ、受け入れられていくと、自信や誇りを感じ、次の一歩踏み出すことができます」

　この事例では、個々の意思決定場面において、対象者の意思がどのような形で表れるのかを関係者全体で共有し、一人ひとり違って意思（表情、脈拍等）が表れることに気づくことで、意思表現を見逃すことなく汲み取って支援しています。

　また、あらゆるツールを駆使して情報提供し、体験プログラム等を準備し、選んだ結果どのような表情をしていたのかなどを観察、記録し次に活かしています。対象者一人ひとりの思い（意思）を形にしていき、それらの体験を積み重ねていく取り組みは、すばらしい意思決定支援の実践例です。

2　行動障害のある人への意思決定支援の事例

　京都市伏見区にある『ベテスダの家』の事例を紹介します。

　利用者は重度の知的障害と自閉症が中心でほとんどが障害支援区分６です。

＜事例２＞

　Ｎさん（28歳男性）は、重度知的障害、自閉症、ウィリアムス症候群、障害支援区分６、療育手帳Ａ判定。感覚がとても過敏で特に聴覚は通常の５倍あります。こだわりが強く、見通しが立たない時、自分の想いが伝わらない時や拒否などを表すときには、物を投げる、座り込んでその場から動かない、また他傷行為（噛む、蹴るなど）に至ることもあります。特に母に対して要求や甘えが激しく、感情をぶつけることが多くあります。人には興味が強く、関わることが好きな反面、上手くかかわれなかったりします。学校生活には馴染めず高等部２年からほとんど休んでいました。

施設に通所すること自体に拒否はなく来てくれますが、何か活動に誘い、移動を伴うこととなると、激しく拒否し、動かない、物を投げる等の行為が頻繁にみられました。食事の席につけない日が続き、送迎時の乗り込みも悪く、母に不満やストレスをぶつける行動が増えました。興味のあることは話しますが、何がしたいのか、何が嫌なのか、どこに行きたいのか、言葉の意味がつかめず本人との想いの行き違いの日々が続きました。

　活動への意欲の低下も見られたため、Nさんとの関わりや様子、また本人の障害特性や特徴を見つめなおしました。

　・今何をして、この先、そのもう少し先に何があるのかなどが、実際に目の前になく確認できない

　・何か頑張って伝えてみようとするが、本当にあるのか、いつ叶うのかがわからない不安感がある

　そこで本人の得意なことを生かすことに着目しました。Nさんの言葉を整理していくと、予定に関する発言が多いことがわかってきました。もともと新聞や雑誌などの活字を読むことが得意で興味があるので、本人の発した予定に関する言葉を文字に書きとめ、残すようにしました。

　例えば「ベテスダでお泊りしたい」とNさんが言い、希望を確認し、日にちを決めてスケジュール帳に書き込みます。「じゃあ、○月○日の○曜日にしましょう」

　このお泊りを叶えるために、Nさんが家でお母さんに伝え、お母さんがスケジュール帳に書き込み、翌日担当スタッフがスケジュール帳を見てNさんと確認します。全体のシフトや体制を確認してからNさんに返事をし、Nさんは帰宅後うれしそうにお母さんに伝えます。

　Nさん　　「NHK大阪へ行きたい」

　スタッフ　「では、お泊りの日にしましょうか？それならゆっくりお出かけできるかもしれませんね」

　Nさん　　「うん!!」

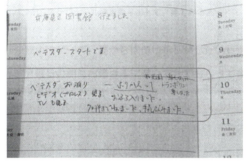

　実現に向けて調整し、本人に伝え、スケジュール帳に書き込みます。
　このように自分で発した言葉が文字として残り、「いつあるのか」「どんなことをするのか」が視覚的にわかりやすくなったことで、以前よりも不安が減ってきました。本人からどこかに行った次の日や、何か活動した後に「お泊り楽しかったねん!!」「NHK大阪行ってきたねん!!」などの発言が出るようになりました。
　話し言葉だけの関わりから、スケジュール帳を中心とした、目で見て分かりやすい一緒に確認する方法ができたことで、Nさんからは「〇〇したい」「△△へ行ってみたい」「また行きたいですねー」等といった言葉がどんどん出ています。自然と発語が増え、楽しみも増え、少しずつ世界が広がっています。

「○○したら、△△（楽しみ）がある」ということがわかりやすくなったせいか、納得して意欲的に活動に取り組むようになりました。自分なりにやりたいことや、行きたい場所への想いなどが少しずつ決められるようになり、生活の見通しも立ち始めたため、もともと持っているNさんの力が発揮され、周囲に理解者が増え、その輪が広がりました。

　この事例では、Nさんの中でスケジュール帳というアイテムができたことで見通しが立ち、関係者とのコミュニケーションもスムーズとなり、精神的にも安定してきて世界が拡がりました。これは本人がもともと持っている力が発揮されたエンパワメント支援、ストレングス支援であり意思決定支援の良い実践例といえます。

③　高齢の方への意思決定支援の事例

　長野県知的障害福祉協会発行の『高齢知的障害者支援の目指すべき姿 事例集』事例18をもとに考察しています。

＜事例３＞

　Uさん（74歳女性）には知的障害があり、網膜色素変性症を患い視力もほとんどありません。幼少期は無就学で父と継母と家で過ごしており、施設を転々したあとこの施設へ入所し、32年間過ごしてきました。父、継母ともに30年ほど前に他界し、遠い親戚は音信不通で、帰ることのできる家はありませんでした。

　加齢とともに体力も落ち、食も細く、もともと偏食も激しく、朝はコップ一杯のミルクとトースト１枚、昼・夕食は白飯にふりかけをかけたもののみ、食後に黒飴２つという方でしたから体重は23キロ前後でした。

　Uさんが大好きなものは百人一首やいろはかるたでした。かるたは家族、特に母の移行対象だったのでしょう。

秋ごろから、Uさんがベッドの上で横になりながら胸の前で手を合わせている姿をよく見かけるようになり、「両親のお墓参りがしたいのではないか」と職員は考えました。お墓参りが実現し、住職からUさんの生家が残っていると聞いて行ってみたところ、家の中に入ることはできませんでしたがUさんは玄関のガラス戸に触れていました。かるた以外にも心のよりどころが形としてあることを実感した安心感からか、これを境に「初恋の君のY施設職員（以下Yさん）とデートがしたい」と教えてくれるなど、生きることに前向きに変わっていきました。

　Yさんとデート外出したり、担当職員と温泉外出を楽しんだりしながら過ごしていましたが、しばらくした頃、食欲と嚥下力が低下し、意識レベルも落ち、主治医からは「入院しても点滴をするだけでこれといった治療はありません」といわれました。ここから、職員とUさんの切なくも人間の尊厳に関わる重大な相談が抱っこ法と筆談で始まります。

Uさん
　「みんなが応援してくれることはとても嬉しいです。ありがとう。でも、もういいです。楽しい思い出がいっぱいあるから、あとは寝るだけです。ご飯を食べること、飲み込むことが辛いです。みんなに『ごめんなさい』と言いたいです。わがままを言って好き勝手なことをさせてもらって、みんな私のことを『大変』ときっと思っています。私が黙っていた方がよっぽど楽ですね。私は邪魔をしています。動けなくなって、たくさん面倒をかけて、いなくてもいい人間です。」
職員
　「みんなUさんのことが大好きですよ。わがままを言っているなんて思っていないし、迷惑でも大変でもありません。もっともっと長生きしてほしいです。旅行や外出、もっともっと楽しいことをいっぱい一緒にしたいです。みんなで応援します。注射が痛いのを我慢してくれ

現場で活かせる意思決定支援 ※ 115

てありがとう。痛いのが嫌なのがわかったし、職員も応援していきた
いと思うのだけど、病院と、ここと、どっちがいいですか？」
Uさん
　「もっともっとみんなと一緒に長生きしたい。楽しいことがしたい。
外出も温泉も旅行も楽しかった。だから頑張る。応援してね。私が病
院に行った方がみんなは楽になると思うけど、Mさん（担当職員）が
悲しがるのでここにいたい。」

　Uさんは施設での生活を望み、職員もまたそれを全面的に応援するこ
とを決めました。
　「みんなと一緒に一泊のクラス旅行に行きたい」「Yさんと外出デート
したい」「運動会の競技にYさんと出たい」
　傍からみれば無謀なことかもしれず、職員も悩み、躊躇しましたが、
最終的には細心の注意を払いながら、実現してきました。
　「たのしいことがやりたい」「応援するよ、手伝うよ」それがUさんと
の約束でした。
　学園で過ごすことを決めてからちょうど7か月目、Yさんに車椅子を
押してもらって運動会の競技に参加したあと、容態が急変し、翌々日
に駆け付けた職員とクラス全員の仲間の写真、大好きだったYさんとの
ツーショット写真に見守られながら息を引き取りました。

　Uさんの事例は、ターミナルケアと看取りの事例です。
　人生の末期に「病院とここと（施設）どっちがいい」と問うたとき、
Uさんは施設を選択しました。そして「旅行に行きたい」「外出デート
したい」「運動会の競技にYさんと出たい」「楽しいことやりたい」との
思いが語られました。この意思には、これまでの関わりや支援の積み上
げ（体験・経験）があったからこそ、楽しい思いをもう一度したいとい

う願いとなって出てきた言葉だと想像します。

　本人が明確に意思表明していても、職員のパターナリズム等によって、思いの実現が頓挫してしまうことがありますが、この事例は、職員が本人を心から信頼し、頑張って本人の思いの実現につなげた例だと思います。

　人生の終焉を迎えるにあたって、本人の意思をしっかりと受けとり尊重した意思決定支援だと思います。

文献・資料
・山本あおひ（2012）『手をつなぐ』No678　6-9
・倉場政直（2016）平成28年度日中活動支援部会全国大会資料『多くの支援を必要とする人たちの意思決定支援と社会参加活動』　北ひろしまデイセンター
・浅田康義（2016）平成28年度日中活動支援部会全国大会資料『自分の生活は自分で決めたい！』ベテスダの家
・『高齢知的障害者支援の目指すべき姿事例集』　事例18　一般社団法人長野県知的障害福祉協会　平成25年10月発行

5

意思決定支援の共通基盤

5 意思決定支援の共通基盤

　「知的障害者の意思決定支援等に関する委員会」の意見書には、意思決定支援の充実のためには、共通基盤として、社会環境の整備が不可欠であることを明記しています。また、近年のソーシャルワークの理論においては、利用者個人と個人を取り巻く社会環境を一体として捉え、その間に働く相互作用や交互作用に視点をあてる考え方が主流となっています。

　従って、意思決定支援の共通基盤のひとつである社会環境について考えることは利用者を取り巻く広範な内容となりますが、ここでは、

　①利用者の暮らし・活動の基盤が地域にあること

　②地域の中に必要な障害福祉サービスが用意されていること

　③地域社会において利用者を支える理解と信頼のネットワークが形成

　　されること

　④意思決定支援を支える法・制度

　の4点に絞って、ある社会福祉法人の取り組みや山形県知的障害者福祉協会の活動の具体例を紹介します。

1 利用者の暮らし・活動の基盤が 地域にあること

　日本が批准した「障害者権利条約」や、障害者基本法をはじめとする国内法の目指すべき方向性は、障害者の権利が守られ、多様性を受け入れる「共生社会の実現」です。ここでは、知的障害のある利用者の暮らしや活動が地域から離れた特別な環境ではなく地域社会にあることを確認します。

　障害のある人が地域の中に実際に存在すること（Being）、そして地域社会の活動に参加することは、本人の権利です。

　特に知的障害のある人は、言葉による訴えが難しいことが多く、これまでは本人の願いとかけ離れた施策が進められてきました。長い歴史において知的障害のある人の意思決定に配慮されることはきわめて少なかったといえます。

　例えば、1960年代にはすでに北欧で提唱されたノーマライゼーションの理念が伝わっていましたが、わが国では1970年代に大規模なコロニーが開設されています。利用者の願いとは違った地域や家族から離れた場所での福祉政策がすすめられてきました。

　次に、同じような障害のある二人の生活の様子から利用者を取り巻く社会環境について考えてみます。

＜エピソード事例１＞

> 　Aさんは30歳代の男性で軽度の知的障害があります。両親・兄弟と４人で生活しています。日中は自宅近くの就労支援B型事業所に通い、生産活動に参加し、そこで作った製品を地域に販売しに出かけています。

現場で活かせる意思決定支援　❋　121

週末は、スペシャルオリンピックスの2つのスポーツプログラムや、創作ダンス活動に参加しています。家族の用事や休息が必要な時は近くの事業所のショートステイサービスを利用しています。時折、移動支援を使い外出を楽しんでいます。

＜エピソード事例2＞

Bさんは50代後半の男性です。幼い時から知的障害児入所施設に入り、成人してからは障害者支援施設を利用しています。両親は亡くなり、妹が後見人となっています。日中は入所施設での生活介護を利用していますが、精神的な不安定さがあり精神病院への入退院があります。

余暇活動や友人関係は事業所内に限定されています。他の施設やグループホームに移りたいという願いはかなわず、家族の意見が優先されています。

AさんとBさんのそれぞれの障害に対する支援はほとんど同じなのに、おかれている社会環境によって生活の内容・質は大きく異なっています。

この2つの事例を通して、生活の豊かさは知的障害者個人の問題ではなく、個人と社会環境との相互作用の中にあることを理解していただきたいと思います。

次に、障害のある利用者の意思決定に大きな影響がある暮らしの場について考えてみます。

障害者権利条約第19条において、「自立した生活（生活の自立）及び地域生活へのインクルージョンにおいて、地域で平等に生活する権利と誰とどこで生活するかを選択する権利と特定の生活様式で生活することを義務付けられない」ことは、国を越えた共通の権利として位置づけられています。

現在わが国では施設入所者は13万1,032名（2016年10月現在）と、精神病院の社会的入院とともに大きな課題です。入所施設の在り方や、地域生活を実現する手段として推進されているグループホームでの生活についても、「特定の生活様式を義務付けされない」といった視点から、対人関係や社会参加の面で課題はないか検証する必要があります。

2 地域の中に必要な障害福祉サービスが用意されていること

　利用者が地域で活動し暮らしていくためには、身近に必要なサービスが用意されていることが必要です。障害者総合支援法では市町村において必要なサービスを障害福祉計画に明記し地域社会で生活するための基盤を充実していくことが求められています。

　利用者が身近な地域で暮らしていくためにどのようなサービスが必要でしょうか。

①**暮らしの場を支えるサービス**
　家族との生活、一人暮らし、グループホーム、入所施設での生活等から利用者自らが体験を通して選択できること。

②**働く・活動するなど日中活動を支えるサービス**
　会社への就職、就労支援事業所、生活介護事業所、多機能型事業所等障害福祉サービスの利用等から多様な日中活動を選択できること。

③**余暇活動・移動等を支えるサービス**
　自分が望む余暇の活動やその場所に行くための移送サービス・文化・

スポーツ・レクリエーション活動等が利用できること。

④乳幼児期・学齢期を支えるサービス

児童発達支援、放課後等デイサービス等が利用できること。

⑤相談や権利を守るサービス

医療や年金制度等が利用できること。

⑥本人活動・家族を支える仕組みがあること　等々

以上のように障害福祉サービスやインフォーマルな活動が身近にあり、実際に使う体験をすることが必要です。

サービスを具体的に使いながら周りの人々の適切な支援を受けて人生の節目に訪れる大きな意思決定をすることが可能となります。

この10数年の制度改革によって、各事業所で地域に必要なサービスを立ち上げることが可能となりました。これまでの閉塞的な状況は一変し、社会福祉法人に加え、民間企業やNPO法人をはじめとする多くの経営主体が障害福祉分野へ参入しました。利用者が使えるサービスの量は大幅に増加していますが、その一方で、サービスの質が問題となっています。

また、各自治体や事業所間におけるサービスの格差は著しいものがあります。特に地方においては、知的障害のある利用者が使えるサービスが身近にない市町村も現実に存在します。そのような市町村では、利用者は町から離れた寄宿舎、事業所、病院を利用することとなり、本人の意思が反映されることはきわめて困難な状況となります。

ここではある社会福祉法人の暮らしの場における取り組みを通し、実際のサービス利用の体験がいかに重要かを考えてみます。

この法人は30年前に重度の知的障害者のための入所施設開設を目的

として設立されました。ここ10数年は町の中にグループホームを開設し入所施設から地域生活への移行に取り組んでいます。

当初は利用者や家族にグループホームでの生活を提案すると、施設を離れることへの不安からか「このままでいい」という意見がほとんどでした。家族の反対に合い、何度も話し合いを重ねました。しかし、現在では85名を超える利用者がグループホームの生活に移行し、そのうち50名以上が区分5・6のいわゆる重度障害者です。実際の生活を経験して、多くの利用者の問題行動といわれた行動が消失し、安定した生活を過ごしています。その様子をみて、本人・家族ともにグループホームや単身でのアパートでの生活を希望し、以前に生活していた施設に戻りたいと希望する人はいません。

誰でも経験していないことを決めることは難しいものです。特に知的障害のある利用者にとっては、サービスを使う体験をしたあとで表出される言葉や表情から意思を汲み取ることは重要です。障害のある人がひとりの市民として地域で生きていくためには、それぞれの場所に必要十分な多様な障害福祉サービスが用意される必要があります。全国の自治体や社会福祉法人が中心となり、地域に必要な障害福祉サービスを積極的に立ち上げていくことが求められます。

3 地域社会において利用者を支える理解と信頼のネットワークが形成されること

仲間との自主的な活動の中で利用者の力は強められ成長します。
山形県知的障害者福祉協会では15年ほど前から支援スタッフ部会の

中に当事者活動支援を位置づけています。最近は利用者の重度化・高齢化によってグループ活動が難しい状況にありますが、自分の願いや想いを発表しレクリエーションを楽しんでいます。県内から多くの利用者が参加するので、「ケンカが多い」「うるさくて眠れない」「一人になれる場所がほしい」「自由に外出したい」「職員は自分の話をきいてほしい」「会社で働きたい」「好きな人と付き合いたい」「結婚して子どもがほしい」といった声が聞かれます。そこでの発言を聞いていると、特別なことではなく、地域でごく普通の生活を望んでいることが理解できます。

　また、毎年山形県内で開催される知的障害者福祉大会では、全国手をつなぐ育成会連合会で作成した本人活動プログラム「知る見るプログラム」を実施しています。

　その中の「サイコロトーク」は、サイコロの目に出たテーマにそって皆の前で話をするというものですが、あるとき30代の男性利用者が舞台に登場しました。サイコロの目が「夢」と出て、「自分の夢はお母さんにお礼を言うことだ」と語りました。どうしてと問われると、「昨年亡くなったお母さんに『自分を生んでくれてありがとう。今まで育ててくれてありがとう。』と言いたい」と発言し、当日参加した500人を超える参加者に深い感動を与えました。利用者は人に対する信頼する力、人と人をつなぐ力を持っており、私たち支援者はその価値を社会に発信していく役割を担っています。

　一方で、グループホームや生活介護事業所を開設する際に、地域住民の反対に合うことがあります。地域社会にはいまだ障害のある人への様々な偏見や差別があります。地域住民の理解を促し、応援団に変えていく必要があり、数年前から他団体と共同で県条例制定を要望しました。その結果、山形県と山形市で障害のある方が地域で共に生きるための条例が施行されています。全国では千葉県の条例が先駆けとなりましたが、

全国各地で障害のある人の理解を促す条例制定の運動を通し、障害のある人を支える理解と信頼のネットワークが地域社会に形成されることが求められます。

4 意思決定支援を支える法・制度の在り方

　知的障害者を支える現場では以前から意識され取り組まれてきた意思決定の支援が、法制度においてようやく光が当たりました。現実に意思決定支援といわれても、支援現場は忙しく、とてもそんな余裕がないとの声も聞かれます。確かに、意思決定支援を支援の中心に据える視点でみると、現行制度は大きな矛盾を抱えています。例えば、本人の意思が著しく制限される成年後見制度のあり方や、日常生活に必要な支援や介護に関わる時間の量を基本とする障害支援区分による利用制限、事業所の職員配置基準における常勤換算の考え方、そして圧倒的に少ない職員配置基準等は、意思決定支援を促す視点からは課題があるといえるでしょう。

　信頼関係を築くためには多くの時間が必要です。障害の重い利用者や対人関係に課題のある利用者は、場合によっては年単位の時を要するものです。意思決定支援が定着するには、現場において支援者が利用者と対面し、支援者に利用者の想いを推し量る余裕や一人ひとりに応じた工夫があることが前提となります。

　特に、対人援助においては、アセスメント、プランニング、モニタリングといった目に見えない思考過程が重要で、目の前の利用者一人ひと

現場で活かせる意思決定支援 ❋ 127

りの思いに耳を傾け（ミクロの視点）、意思決定支援を積み上げ、事業
所内で実践を共有し（メゾの視点）、意思決定支援を中心に据えること
ができる新たな法・制度（マクロの視点）の提案につないでいきたいも
のです。

文献
・「みんなで知る見るプログラム」　社会福祉法人全国手をつなぐ育成会　みんなで知る
　見るプログラム開発委員会
・一番ケ瀬康子監修　手塚直樹　青山和子著（1998）『知的障害児・者の生活と援助』
　一橋出版

終章

意思決定支援と
ソーシャルワーク

意思決定支援と
ソーシャルワーク

1 意思決定とその支援

　人は誰でも、さまざまな意思決定を積み重ねながら日常生活を送っています。意思決定とは、目標を達成するために、複数の選択肢の中から、1つないし複数の手段や方法を選ぶことです。決定するという一時点だけではなく、決定にまつわる情報を獲得・精査し、助言を得ながら検討、選択し、その決定を実現していく一連の過程でもあります。日常生活を営む上で必要となる意思決定の種類は、その場面に応じて、今日のランチメニューや週末の過ごし方から、家の売買や医療、社会福祉サービスの選択まで、小さな決定と大きな決定、浅い決定と深い決定、流動的な決定と固定的な決定、あるいは個人の決定と集団の決定等多種多様であり、その決定に必要となる能力も一様ではありません。

　「自分のことを自分で決めること」は至極当然のことです。しかし、自己決定は能力の問題として考えられることが多く、決定することができる能力を持っている人には決定の機会が与えられ、決定内容も尊重されますが、知的障害者等（以下、利用者）のようにその能力が欠けるとされている人には、周囲の他者が一方的に決める、あるいは決定の機会がある場合でも、その表明された意思がそのまま受け取られることは少なく、あらかじめ他者が設定した狭い範囲内でしか選択肢が用意されないのが実状だったのではないでしょうか。

また、意思決定は他者から直接的あるいは間接的な支援を得て実現しているものであり、この意味で意思決定は社会の中で行われ、道徳や価値、そこに存在する他者からの影響を否定できず、たとえ障害がなくても、独力で完遂する自己決定はあり得ません。「わたしたちのことを、わたしたち抜きに決めないで（"Nothing about us without us"）」との言葉が意味するように、利用者は決定への主体的参画を望んでいるのであって、支援を拒否してはいません。だからこそ支援員やサービス管理責任者等（以下、支援者）は、利用者の意思決定を尊重しながら、それに介入する権限も残しているとの、一見矛盾した行為を役割として求められることになるのです。

　今日、社会福祉施設等では、成育歴や生活環境の中で抑圧され、潜在化してきた利用者の持てる力を、発見・獲得・強化することを支援する、エンパワメント志向の実践が求められています。その一方で、社会全体としては依然として、知的障害者を保護や管理、指導を必要とする存在と位置づけ、特に社会福祉施設等にその役割を担うよう期待する家族や地域住民が多いのが現実です。この役割矛盾は、支援者に葛藤（ジレンマ）を生じさせています。もちろん利用者の安全は保持しなければなりませんが、同時に利用者は危険（リスク）を冒す権利を持っており、適切な情報提供に基づく決定の結果被った不利益に対する責任を、決定に立ち会った支援者だけに問うことのないよう、当事者自身、家族、地域住民等の意識改革も必要となってきます。

　そのため支援者は、さまざまな迷いや揺らぎを抱え、試行錯誤しています。自己決定を強調するあまり、従来の保護的関わりから抜け出るために、利用者の無理難題に振り回されているだけの、極端な自己決定の「丸飲み」状態を目にすることがある一方で、「利用者が自分で決めるのだから支援はしない」という自己決定への「反発」や「誤認」が蔓延しています。自己決定と保護との間を振り子が両極端に揺れており、定点

を模索し続けているのが現状ではないでしょうか。

　さて、皆さんは2014年1月に批准した国連の「障害者の権利に関する条約」（以下、条約）の中に、「合理的配慮（Reasonable accommodation）」という言葉があるのはご存知でしょう。条約は、合理的配慮の否定を含めた障害に基づく差別の禁止について、締約国に適当な措置を求めています。

　国内では、改正障害者基本法第2条で、障害者の定義について、本人の心身機能の障害のみでとらえるのではなく、「社会的障壁（障害者にとって日常生活や社会生活を営む上で支障となることがら）」という社会との関係性によってとらえることになり、その基本原則として第4条で、社会的障壁のために困っている障害者がいた場合、それをなくすための負担が大き過ぎない時は、必要かつ合理的な配慮をしなければならないと規定しました。これまでともすれば、障害者の機能障害の克服への努力に関心が寄せられがちでしたが、今後は、障害の有無によって分け隔てられることなく、相互に人格と個性を尊重し合いながら共生する「インクルーシブ社会」の実現に向けて、一人ひとりが、障害者の自立や社会参加を妨げている社会的障壁を除去するための、合理的配慮等に取り組んでいくことを求めています。

　また条約の精神を具現化する法律として、2016年4月に施行した「障害を理由とする差別の解消の推進に関する法律」（以下、差別解消法）第7条と第8条では、合理的配慮の考え方を、障害者の能力発揮を最大限実現するためには、環境因子や障害への配慮を行うことが社会的に当然の責務であるとし、合理的配慮を行わないことは差別解消法に抵触する差別であるとしています。

　以上の社会的背景からも、利用者に対する意思決定支援が、これまで以上により積極的に求められることになります。

2 ソーシャルワークに基づく意思決定支援の考え方

1 バイスティックの「ケースワークの原則」

　利用者の意思を尊重することの重要性は、ソーシャルワークにおいて古くから主張されてきました。その１つに、バイスティック（Biestek,F. P）のケースワークの原則の１つとして掲げられた「自己決定の原則」があります。バイスティック（1957＝2006）は、「クライエントは、選択と決定を自由に行使できるときにのみ、社会的に責任を持ち、情緒的に適応しながら、パーソナリティを発達させてゆく」ため、自己決定を尊重することは重要だとしています。「ソーシャルワークという専門職がもつにいたったもっとも確固たる信念は、人は自己決定を行なう生まれながらの能力を備えているという考え方である」といい、この認識は、「民主的な生活の概念が育てたもの」であり、また「クライエントが自分で選択し決定したときにだけ、ケースワークは効果をあげることができるという具体的かつ経験的な観察によって確認されたもの」と指摘しています。「クライエントの自己決定を促して尊重するという原則は、ワーカーが、クライエントの自ら選択し決定する自由と権利そしてニードを、具体的に認識することである。また、ワーカーはこの権利を尊重し、そのニードを認めるために、クライエントが利用することのできる適切な資源を地域社会や彼自身のなかに発見して活用するよう援助する責務を持っている。さらにワーカーは、クライエントが彼自身の潜在的な自己決定能力を自ら活性化するように刺激し、援助する責務を持っている」と、エンパワメント志向のソーシャルワーク実践の必要性を主張しています。

　しかし一方で、「自己決定というクライエントの権利は、クライエン

トの積極的かつ建設的決定を行う能力の程度によって、市民法・道徳法によって、さらに社会福祉機関の機能によって、制限を加えられることがある」とし、このことから考えると、知的障害者の自己決定はその能力に応じて制限され、時として原則の適用除外者として位置づけられていた可能性があります。ワーカーは、「（クライエントの）もつ能力を超えてまで自己決定するよう強いるべきではない。しかし、ワーカーがクライエントの能力を勝手に決めつけてよいというものでもない」といい、重要なことは、「ワーカーはクライエントが積極的かつ建設的な決定を行なう能力を持っているという仮定をもって、援助を始めるべきである」としています。

　そもそも人がどのような生き方をするにしても、そのうち真に自分の意思で生き方を選択したことが果たしてどの程度あったのかと考えてみると、すべて自分で決めることができたとは必ずしもいえません。性別や出自、家庭環境等の生来与えられた条件が制約を与えることも少なくありません。こう考えると「自己決定」を完璧に実践できることは稀で、つまりこの原則はケースワークの目標として存在するのであって、支援者が職業倫理として決意表明する側面を持っています。

②　ソーシャルワークのグローバル定義

ソーシャルワークは、社会変革と社会開発、社会的結束、および人々のエンパワメントと解放を促進する、実践に基づいた専門職であり学問である。社会正義、人権、集団的責任、および多様性尊重の諸原理は、ソーシャルワークの中核をなす。ソーシャルワークの理論、社会科学、人文学、および地域・民族固有の知を基盤として、ソーシャルワークは、生活課題に取り組みウェルビーイングを高めるよう、人々やさまざまな構造に働きかける。この定義は、各国および世界の各地域で展開してもよい。

これは2014年7月、国際ソーシャルワーカー連盟（IFSW）により採択された新たなソーシャルワークの定義です。多様化・複雑化するニーズに応えるための2000年定義からの改定であり、特に①ソーシャルワークが「実践に基づいた専門職であり学問である」ことを確認したこと、②ソーシャルワーク過程では主役はあくまで利用者であり、双方向性のある対話的過程を通して利用者の力と主体性を重視し、「ワーカーは人々とともに働く」との姿勢を明確化したこと、③ミクロの問題解決だけではなく、マクロの「社会変革・社会開発を強調」したこと、の3点は注目に値します。

　つまりソーシャルワークは、利用者の主体性を尊重しつつ、利用者が望む生活を実現するために、達成すべき課題にともに取り組んでいくことを積み重ねることと同時に、地域における実践を開発し、創造していく活動です。こう聞くと社会福祉施設で仕事をしている皆さんは、施設を拠点として実践している自分たちには無関係のことと考えるかもしれません。しかし、利用者は目の前にいる「その人」だけではなく、その人の過去や未来といった「時間」や、背景にある所属する集団や持てる人間関係といった「空間」があり、そのことを視野に入れると実践の方向性や範囲も拡がってくるはずです。

　皆さんは、利用者に「何か困ったことはありませんか」という声かけをしていませんか。それは利用者を、問題を抱え、解決を望んでいる人であることを前提としているからではないでしょうか。このグローバル定義に則れば、利用者を「これまでの人生を行き抜き、これからを生きていく上で課題となることを達成していこうとしている人」と考えることができ、声かけは「あなたの望む暮らしは何ですか」となるはずです。そしてその答えを受け止めた支援者は、実現に向けて社会資源やネットワークを創ることに、取り組んでいくことになるのです。

3　意思決定支援の考え方

　意思決定支援をソーシャルワークとの関連で整理すると、その利用者が望む暮らしの実現にあたって直面する、選択や判断を伴う多くの事柄を、利用者自らが行う能力を最大化するための支援といえます。なぜならソーシャルワークが、人と環境との相互作用にアプローチするものだからです。

　意思決定をシステムとして考えると、利用者の決定能力を中心として、「家族」・「セルフヘルプグループ」・「障害児支援や施設サービス」・「学校教育や就労環境」等のミクロ（Microsystem）、「家族や支援機関、支援機関同士の連携」としてのメゾ（Mesosystem）、「利用者の支援計画の策定や構築」・「必要に応じた代弁」など、支援者の力量に大きく左右されるエクソ（Exosystem）、「脱施設化と地域生活に関する政策」・「法律や後見制度」・「自己決定に対する社会的価値や態度といった文化的背景」等マクロ（Macrosystem）の各システムがあり、利用者の意

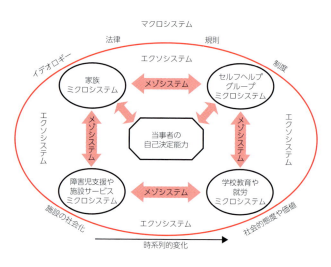

エコシステムモデル
出典　Abery, B. H. & Stancliffe, R.J.（2003：33）

思決定のために相互作用していると捉えることができます。そして各システムは、時間の経過とともに変化し、またその関係性も変化していくと考えることができます。利用者の決定能力が重要なものであることはいうまでもありませんが、それは意思決定を構成する一部であって、周囲の環境のあり方が大きく影響していることを再認識する必要があります。

　支援場面としては、社会福祉施設や地域で皆さんが提供している「日常生活場面における支援」と、相談支援事業や成年後見制度などの「制度化された支援」があり、支援方法としては、わかりやすい情報提供や利用者と支援者との信頼関係形成、意思形成や表出支援、成功体験の積み重ねと失敗の許容とやり直し支援などの「意思決定場面への直接的支援」と、制度施策の整備や意思決定に関する社会的価値や態度等の文化的背景へのアクション、実現に向けたネットワークによるチームアプローチなどの「環境への間接的支援」があります。社会福祉施設等でサービス管理責任者と支援員とで作る個別支援計画に基づく支援は、生活や日中活動における個々の意思決定場面に応じた「インシデント対応型」であり、相談支援専門員が行うサービス等利用計画に基づく支援は、「プロセス対応型」です。両者の関係性は相互連関的でなくてはならず、一つひとつの場面における意思決定の集積が、利用者の未来の意思決定を創るものであり、一つひとつの意思決定支援は、サービス等利用計画の長期目標の実現を視野に入れた支援でなくてはならないということになります。

　このように考えてくると、意思決定は利用者と支援者との協働作業であり、支援者とは利用者の意思決定を支援する環境の一部かつ重要なもので、支援は意思決定と分離せず、利用者自身が選択可能なものとして、意思決定過程に組み込んでおくべきものであるといえます。

3 意思決定支援の方法

　これまでみてきたように、意思決定は、決定内容の難易度と利用者のもてる能力、支援の質・量の総和により実現しています。支援者がある決定に対して利用者の能力を正しく判断し、不足分を支援によって補完することで、その意思決定可能な範囲は確実に拡大します。しかし判断を誤ると、「保護（過剰な支援）」あるいは「（極端な）自己決定（支援の不足）」への偏りを誘引します。支援を常に適切な状態に保つことは不可能に近く、時差が生じてしまい、残念ながらこれまでの経験に基づく判断で「先回り支援」をするか、失敗経験の重要性を尊重してある事柄に挑戦してもらった場合、その能力が想定外に備わっていないことが判明すると、「後追い支援」になってしまうことが往々にしてあるでしょう。また、利用者の能力や意欲は生活経験とともに変化し、利用者はいつでもすべての場面において「自己決定」を望んでいるわけではなく、他者に託すという決定をしたい時もあります。だからこそ、支援には臨機応変性が求められ、支援者は支援のズレをできる限り早い段階で修正し、あるべき支援の姿に近づけるため、ある一点、一時の利用者の能力と自らの支援の力量に注目するだけではなく、この二者間の関係性を過程として捉え、時間の経過を意識しながら、支援関係を深めていく必要があります。つまり意思決定支援とは、利用者と支援者との二者間における、利用者のニーズと支援者の支援可能性とをコミュニケーションを通じて交換し、両者で意思決定に向けた合意を形成していく実践過程なのです。

　しかし、ニーズの多様化・複雑化を考えても、この過程全体の支援を、ひとりの支援者のみで行うことは困難です。特に意思決定後の実現に向

けた支援では、多様なサービス提供者との協働を視野に入れなければ、円滑な実現は望めません。多くの支援者との合意形成が必要となるのです。意思決定支援において支援者個人が判断を下す場合、その恣意性を完全に排除することは難しく、加えて支援者は、特定のサービス提供組織に所属している場合が多く、その独立性・自律性には疑問が残ります。そのため支援を抱え込まず、守秘義務の遵守を約束したネットワークに関与する、各支援者からもたらされる情報や専門的見解を考慮した上で、客観的に判断していくことが望まれます。ネットワークにおける合意形成とは、コミュニケーション能力や、他者からの期待・家族への依存心といった周囲との人間関係から、自由な自己主張に困難を伴う利用者とともに、その意思をネットワーク内の各支援者に周知し、さらなる共有を促すことです。支援者同士は、同じ場を共有する者として互いの立ち位置を理解し合い、ネットワーク総体として利用者の最善の利益と信じるものに近づいていく過程を共有することは、意思決定の先に得られる結果と、それに伴う責任を分かち合う意味でも有効ではないでしょうか。

　利用者と支援者との関係性は、支援する人とされる人ではなく、ともに支援を生み出していくパートナーとして、手を携えていくことが重要です。その意味で、皆さんが日々の支援を振り返る時、利用者から直接フィードバックをもらえる関係を作ることも必要です。意思決定支援とは、利用者自身で決められるように、できることは見守り、できないことだけを手伝うことです。利用者の邪魔をしない、利用者の力を信じて待ち、求めに応じて支援する。支援者は利用者の意思決定場面に立ち会い、迷うことが大切ではないでしょうか。良い支援は１つではないし、支援に絶対はありません。最終的には、支援者とその支援内容は、利用者が選ぶべきものです。いつでも利用者の声に寄り添い、謙虚に、そして真摯に、最適な答えをともに問い続けることこそ、利用者に求められている支援なのではないでしょうか。

文献

・Biestek,F.P.（1957）. The Casework Relationship. Loyola University Press. フェリックス・バイステック『ケースワークの原則（新訳改訂版）－援助関係を形成する技法－』尾崎新・福田俊子・原田和幸（訳），2006，誠信書房,159-188

・沖倉智美（2012）「支援つき意思決定」の理論と実際－知的障害当事者の「自己決定」をどのように考えるのか－」一般社団法人日本社会福祉学会編『対論　社会福祉学5 ソーシャルワークの理論』中央法規出版，217-245

・沖倉智美（2014）「合理的配慮としてのセルフ・アドボカシー支援を考える」知的障害福祉研究　さぽーと695，40-46

・Wehmeyer, M. L.（2003）A functional theory of self-determination：Definition and categorization. In. M. L. Wehmeyer, B. H. Abery, D. E. Mithaug, & R. J. Stancliff（Eds.）, Theory in Self-determination：Foundation for Educational Practice 174-181.

資料編

資料編　目次

○障害者の意思決定支援に関する意見

　（公益財団法人 日本知的障害者福祉協会） ………………………………… 143

○障害者総合支援法３年後の見直しについて～社会保障審議会

　障害者部会報告書　平成27年12月14日～【抜粋】 ……………… 152

○障害福祉サービス等の提供に係る意思決定支援ガイドライン

　（平成29年３月31日　厚生労働省社会・援護局障害福祉部長通知）…… 157

○関係法規等　【抜粋】 …………………………………………………… 175

・世界人権宣言（第一条）

・児童の権利に関する条約（第十二条）

・障害者の権利に関する条約（第一条・第三条・第五条・第七条・第十二条・

　第十七条・第十九条）

・障害者権利委員会　一般的意見第１号【抜粋】

・日本国憲法（第十三条）

・障害者基本法（第二十三条）

・障害者総合支援法（第四十二条）

・知的障害者福祉法（第十五条の三）

・児童福祉法（第二十一条の五の十七・第二十四条の十一・第二十四条の三十）

下記について日本知的障害者福祉協会ホームページに掲載しています。

●倫理綱領（公益財団法人日本知的障害者福祉協会）
　http://www.aigo.or.jp/menu07/

●知的障がいのある方を支援するための行動規範（公益財団法人日本知的障害者福祉協会）
　http://www.aigo.or.jp/menu07/pdf/model.pdf

障害者の意思決定支援に関する意見
（公益財団法人 日本知的障害者福祉協会）

平成 27 年 9 月 8 日

社会保障審議会　障害者部会
部会長　駒村　康平　様

障害者の意思決定支援に関する意見

公益財団法人　日本知的障害者福祉協会
会長　橘　文也

　障害者総合支援法施行後 3 年を目途とした見直し事項に挙げられている障害者の意思決定支援の在り方、成年後見制度の利用促進の在り方について、その具体的方向性を確認し、必要な意見を述べるために、当協会では特別委員会を設置し 5 回に渡って検討を重ねた。以下は、意思決定支援等の促進を図るための本会の意見である。

意見の概要

■意思決定支援への「配慮」から「取組」へ

○障害者総合支援法施行から 3 年目を迎える現在、批准後の障害者権利条約も踏まえ、「意思決定支援」を更に実効性のあるものとするために、意思決定支援へ配慮するだけではなく、障害者総合支援法の見直しや日常生活場面における支援において具体的な取組をすることが求められる。よって同法に規定される意思決定支援への「配慮」を「取組」に改めるべきである。

■本人参画を原則とする　　～障害者総合支援法の見直しに向けて～

○計画作成プロセスへの本人参画を原則とすること。
○サービス等利用計画作成プロセス、支給決定プロセス、個別支援計画作成プロセスに本人の参画が原則である旨、関連条項等に明記することが必要である。
○意思決定支援の定義を明らかにし、関係者の認識の共通化を図ること。
○意思決定支援の体制整備
　・意思決定支援に関する意識調査や実態調査を実施し、その課題を明らかにすると共に必要な対策を講ずること。
　・相談支援専門員、サービス管理責任者の研修において意思決定支援の研修を義務づける。また、意思決定支援のための人材育成を進める。
　・意思決定を支える共通基盤を整備・促進すること

■エンパワメント支援としての成年後見制度を目指す

○代行決定型から本人中心の成年後見制度への転換を目指す。

■いかなる人にも意思決定能力があることが原則

○どんなに重い障がいのある人にも意思決定能力があることを原則とする。

■生活全般における意思決定支援の充実を図ること

○知的障害者の置かれている状況を踏まえた意思決定支援が必要。
　　必要な視点として、パターナリズム、エンパワメント支援、環境要因への
　　備え、権利擁護、インクルージョンの促進、などがある。
○意思形成支援や意思表出支援について、その方法やスキルの向上に努める。
○情報の提供、コミュニケーションの方法など実践面での充実を図る。
○チームによる支援を促進する。

現場で活かせる意思決定支援 ❋ 143

平成 27 年 9 月 8 日

知的障害者の意思決定支援等の在り方に関する検討委員会の意見

公益財団法人　日本知的障害者福祉協会

1、意思決定支援を巡る現状

(1)法への規定と権利条約の批准

○「障害者の意思決定支援に配慮」

　　2011 年に改正された障害者基本法の第 23 条で、国や地方公共団体に「障害者の意思決定支援に配慮」することが義務づけられて 4 年が経つ。また、指定障害福祉サービス事業者や指定障害者支援施設等の設置者、指定相談支援事業者に「障害者等の意思決定支援に配慮」することを義務づけた障害者総合支援法（以下「法」と記す）が施行されてから 3 年目を迎えている。この他、知的障害者福祉法、児童福祉法にも同様の規定があり、障害者の施策や制度の実施、体制整備、相談支援等を行う際に障害者等の意思決定支援への配慮の必要性が明確にされたことの意義は大きい。

　　わが国の障害福祉制度における措置制度に象徴されるように、障がいのある本人の意思や想いよりも社会防衛的な考え方や家族の考え方が長く優先され続けてきた。支援費制度に始まる利用契約制度に変わって、本人の自己決定や選択が理念として掲げられるようになり、前述の法改正により本人の意思決定に着目されるようなったことは障害者施策の歴史の中で画期的なことである。

○「法的能力の行使に必要な措置」と「合理的配慮」

　　2014 年に批准された障害者権利条約は、第 12 条で締約国に対し、障がい者の法的能力の享有を認め（2 項）、その法的能力の行使に必要な適切な措置を取ること(3 項)を求めている。ここにおいて、障害者の決定する権利とその権利の主体としての位置づけが明確にされた。

　　同年 4 月に国連障害者権利委員会で採択された第 12 条に関する一般的意見 1 では、判断能力が不十分な人たちの法的能力が、代行決定の制度によって奪われてきたことを指摘し、その法的能力の回復と実現のために代行決定の制度を支援付き意思決定制度に置き換え、支援付き意思決定システムの構築を促している。

　　同条約第 5 条第 3 項は、障害者の平等の促進と差別の撤廃を目的として、締約国に対して合理的配慮の提供が確保されるための適当な措置を取ることを求めている。知的障害者の障害特性からみて、知的障害者に対する意思決定支援は重要な合理的配慮である。

○法施行3年後の見直し

　法は、附則第3条における法施行後3年を目途に再検討する項目の一つに「障害者の意思決定支援の在り方」を掲げており、現在、審議会で検討が進められているところである。常時介護を要する障害者の支援の在り方や移動支援、就労支援、高齢の障害者の支援の在り方等すべての検討項目について、障害者本人のニーズを制度設計の基本とする観点から、意思決定支援はその根底に共通する重要な位置を占める。

(2)「配慮」から「取組」へ

　障害者の意思決定支援を巡る状況は大きく変化してきており、今後、その内実をいかに深めていくかが問われている。「配慮」だけではなく、障害者総合支援法の見直しや日常生活場面における支援において、具体的な取組をすることが求められる。

2、意思決定支援に対する委員会の考え

○どんなに重い障がいのある人にも意思決定能力があることを原則とする

　重い知的障がいがあり意思の表出・表現が困難であっても、それぞれの人に意思があり、意思決定能力があることは、日常の支援の中で支援者が経験的によく知るところである。意思決定の支援については、どんなに重い障がいがあるとしても意思の表出・表現が困難なだけであり、どの人にも意思があり、意思決定能力があることを原則とする必要がある。

○支援者には、意思決定のために必要な情報をわかりやすく提供し、表出・表現された意思を汲み取り、周囲に発信していく大きな役割がある。

○本委員会では意思決定支援について検討し、以下の考えに至った。

　『意思決定支援とは、障害者本人の意思が形成されるために、理解できる形での情報提供と経験や体験の機会の提供による「意思形成支援」、及び言葉のみならず様々な形で表出される意思を汲み取る「意思表出支援」を前提に、生活のあらゆる場面で本人の意思が最大限に反映された選択を支援することにより、保護の客体から権利の主体へと生き方の転換を図るための支援である。』

○意思決定支援を実行していくためには、次の視点が重要である。

　①決定を行う本人に必要とされる情報が提供されているか、

　②情報の提供に当たってはその内容や提供の仕方を工夫し、本人が理解し決定できるように支援者が適切な配慮をしているか。

　③本人が自らの意思決定を表出・表現できるように具体的に支援されているか。

現場で活かせる意思決定支援 ※ 145

３、障害者総合支援法の見直しに向けて

(1)「配慮」から「取組」へ

本人の思いや願いが計画に反映されることが極めて重要であることから、意思決定の支援に「配慮」するだけでなく、意思決定の支援に「取組」ことが求められる。

法律条文も「配慮」だけではなく、「取り組む」「実行する」などの具体的な行動を促す文言に改められることが必要である。

(2)本人の参画が原則

○計画作成プロセスへの本人参画

法が「障害者等の意思決定の支援に配慮する」ことを指定事業者等や指定相談支援事業者に求めるとき、具体的にはどのようなことが期待されているのだろうか。意思の表出・表現が困難な知的障がいのある人達の支援にあっては、これまで家族や支援者の意向が主とされる傾向があったことは否めない。あるいは本人不在のまま、本人に関わる計画作成が進められることもあり得る。しかし、重い障がいがあるとしても生活の主体者としての人間像を法は期待していると捉えるべきであり、そのためには計画相談におけるサービス等利用計画や障害福祉サービス等の個別支援計画の作成プロセスに障がいのある本人が参画することを原則とすることが強く求められる。

すなわち、意思決定の支援に配慮するとは「本人の参画を原則とする」ことと言える。

○計画は本人の意思が反映されたもの

本人の参画によりその意向を踏まえた上で、計画等に本人の意思が反映されることが重要である。

(3)相談支援・支給決定・個別支援計画

サービス等利用計画や支給決定、個別支援計画に本人の意思が反映されるためには、それらの計画作成プロセスに本人が参画することが重要である。

①サービス等利用計画

○サービス等利用計画、支給決定に本人の意思が反映されるためには、ケアマネジメントプロセスに本人が参画することが必要であり、これをシステム化する必要がある。

○サービス等利用計画作成時、モニタリング時に意思決定のアセスメントを加える。

○サービス利用計画案作成過程における「アセスメント」について、各事業所それぞれ独自のものが使用されている。全国共通のツールが必要ではないか。

○知的障害者に対しては、本人に理解できる形での情報提供が必要であることから、計画作成時の意思決定支援の前段として、施設や事業所の見学、サービスの体験利用等の機会をアセスメントの一環とすることが重要である。

②支給決定
　　○支給決定に「本人の意思を踏まえて」を加える。
　　○支給決定に意思決定アセスメントを踏まえる。　市町村、審査会の責務とする。
　　○ケアマネジメントは指針を決め、手続、手順を踏んで進めることが重要
　　　　→このために行政のサポートを求める。システムとして進める。
③個別支援計画
　　○個別支援計画作成プロセスに本人が必ず参画することを原則とする。
　　○個別支援計画作成のアセスメントに意思決定支援を加える
　　○計画作成時、家族の意向にどこまで配慮するか検討される必要がある。
　　○個別支援計画作成のためのガイドラインを検討する。
　　○ガイドラインを整備する場合には、職員の育成につながるものでなければならない

(4)計画作成等における意思決定支援の充実に向けて

①チームによる計画作成
　　○サービス等利用計画や個別支援計画の作成は、意思決定支援の具体的な実践場
　　　面の一つである。その際に重要なことは、「利用者主体」、「チームで対応」、「プロ
　　　セスを大事にする」、「検証する」ことである。
　　○計画作成時における意思決定支援に当たっては、一人の支援者よりも複数の支援者
　　　（チーム）によるアプローチが特に効果的であり、決定の透明性確保につながる。
②意思決定支援の確認
　　○作成された計画が実施されたか否かの確認も必要となる。意思決定支援実施の確認
　　　に当たって、様式化された専用の振り返り用チェックシートの整備が求められる。
③従事者の研修
　　○相談支援専門員やサービス管理責任者に本人の参画を原則とした意思決定支援に
　　　関する研修を義務付ける等、意思決定支援を徹底させるためのシステムを構築する
　　　必要がある。
　　○サービス管理責任者研修においては、アセスメント能力を高めるとともに、本人に
　　　対するパターナリズムの抑制を促していくことが大切である。
④本人の思いを汲み取るツール
　　○本人の思いを汲み取ることができるツールを検討する必要がある。
　　○明らかになった本人の思いを、本人を中心とした計画に導くまでの様式化されたツー
　　　ルを検討する必要があるのではないか。
　　○これらのツールは、特に相談支援の現場に求められる。
⑤体験的利用の促進
　　○相談支援でのサービス等利用計画や個別支援計画作成にあたっては、他人への人権
　　　侵害や本人の命にかかわること以外については許容範囲で、失敗や成功体験を繰り
　　　返し、経験を積み重ね、「本人の意思決定を行える環境を整えて行く」ことを目的
　　　とした経験的意思決定支援を取り入れていく必要がある。
　　○サービスの利用にあたっては意思決定支援をするための体験的利用が必要。

現場で活かせる意思決定支援 ✵ 147

4、障害福祉サービスの利用の観点からの成年後見制度の利用促進の在り方

(1)課題多い成年後見制度

○法は、施行後３年を目途に再検討する項目の一つに「障害福祉サービスの利用の観点からの成年後見制度の在り方」を挙げている。当委員会の検討において、現行の成年後見制度が財産管理に重点が置かれており、本人の生活支援や意思決定への支援についてはあまり求められていない、後見人の価値観、意見が被後見人に押しつけられてしまい、被後見人の希望が取り入れられない例が見られる、あるいは成年後見を使わなくてもよい事例がたくさんあるのではないか等、成年後見制度の利用の促進よりもその再検討、見直しを必要とする意見が多かった。

(2)エンパワメント支援としての成年後見制度への転換を目指す

①代行決定の抑制と本人の最善の利益に沿った意思決定支援

○約８割の人達が利用する「後見類型」は、代行決定から支援付き意思決定への置き換えをめざす障害者権利条約第12条の趣旨に反すると考えられる。

②本人の意思決定ができるように最大に支援を尽くす

○意思決定の程度に差はあっても、その可能性がある限りは本人の意思決定ができるように最大の支援を尽くすことをまず先決とし、補助類型の活用を促進していくことが現実的な対応ではないか。

③成年後見人等の障害理解研修が必要

○エンパワメント支援としての成年後見制度に転換していくために、成年後見関係者の障害理解と支援の在り方について研修が必要である。

5、日常生活場面における意思決定支援

○知的障害者の意思決定支援に取り組むには、知的障害者が置かれている状況に配慮し、以下のことを踏まえて進めていくことが重要である。
- パターナリズム

    支援者等のパターナリスティックな関わりは、知的障害者の経験と選択の機会を狭め、奪うことにつながる恐れがあり、知的障害者の意思形成、意思表出が阻害される大きな要因となる。
- エンパワメント

    知的障害者が自分らしく自律的に生きられるようになるために、その有する意思を最大限に表出できるように支援し、意思決定へと導くことが重要である。

・権利擁護

　意思の表出・表現が困難な知的障害のある人達の意思が軽視されることが、虐待や権利侵害につながる。虐待防止や権利擁護には意思決定の支援が欠かせない。

・環境要因

　知的障害者にとって、人を含めた様々な環境要因が心身の状態に大きく影響する。安心感のある生活環境、信頼感のある支援者の存在、失敗を含む経験を繰り返すことが可能な社会環境が意思決定支援のために重要である

・インクルージョン

　知的障害者が社会に参加し、社会の中で役割を得ていきいきと社会生活を送ることができるようになることがインクルーシブ社会の目指すところである。こうした社会生活の主体となるべき意思決定支援が求められる。

○障害福祉サービスの利用に関わる契約等の意思決定支援の場面だけではなく、何を食べ、何を着るかといった日常生活のあらゆる場面での支援こそが、知的障害者本人の意思形成と意思表出にとって重要である。本人に経験や体験のない選択肢を示し、意思決定を図ることは形だけの意思決定支援になってしまう。

生活のあらゆる場面で障がいのない者と同等の生活スタイルを保障し、経験や体験に基づく意思形成と意思表出を支援することが意思決定支援のベースであり、このことが知的障害者本人の権利擁護に直結する重要な支援となる。

(1)意思形成支援

○知的障がいのある人たちの支援は、意思が作られていく過程の支援が極めて重要である。すなわち、意思形成のための支援が必要であり、同時に主体形成の支援も必要である。これまで支援の現場でこうした支援がどれだけ実施されてきたのか、さらにはシステム面での具体案が問われるところである。

○他方で、こうした支援は、幼少期や学校教育期における関わり方にも大きく影響されることもあり、実際には大きな個人差となって現れる。意思決定には体験、経験の質と量が大きく影響するため、意思形成支援や主体形成支援を意識しながら、日常生活場面において多様で豊富な体験、経験を意図的に積み重ねていく取組が求められる。

(2)情報の提供

○本人が理解できるための工夫

　本人の意思と選好を尊重するためには、あらゆる情報を提供することが大前提となる。そのためには本人に理解してもらう工夫をし、わかりやすく本人に相応しい情報提供の手段を考えることが必要である。

○体験や経験も提供する情報の一部

　具体的に提供される情報としては文字や写真、絵カード、ピクトグラムなどに依るだけでなく、体験や経験も含むことが必要である。障害福祉サービスを利用する

人たちが十分な体験や経験ができているだろうか、十分な情報を入手し、理解や比較ができているだろうか、現状を振り返って見る必要があるのではないか。

○決定のための物理的・人的環境整備

情報の提供と同時に、意思決定を容易にする物理的・人的環境等の条件整備も重要であり、本人が失敗体験や成功体験等の実体験を積み重ね、ストレングスやエンパワメントをもとにした意思決定支援が求められている。

(3)意思表出の支援

○意思表出が困難な場合の支援にあっては、言葉だけではなく、表情や動作などの僅かな心身の変化を意思表出として捉えるなど、意思表出のための支援スキルの向上がさらに求められる。

(4)コミュニケーション方法の工夫

○意思の表出・表現が困難な知的障がいのある人たちの意思決定支援では、コミュニケーションの仕方が重要になる。決定したこと（意思）を見落とさず、しっかりと読みとる／汲み取ることができているか、しっかりと寄り添い、待つ支援ができているかなど、本人の意思の表出、表現に着目した支援の在り方が問われる。

(5) チームによる支援

○意思の表出・表現が困難な知的障がいのある人たちの意思決定支援にあたっては、相談支援専門員やサービス管理責任者など本人の支援に関わる人たちが、本人の参画を得てチームで協議して決めていくことが今後さらに求められるのではないか。

(6)本人の最善の利益

○個々の支援現場では、それぞれに相応しい最善の利益を考えていく必要がある。最善の利益を検討する上では、本人の主観的意思への配慮が必要である。

6、意思決定支援のための体制整備

(1)実態把握

○意思決定支援について、各施設・事業所ではどのように取り組まれているのか、何が求められているのか等、その実態を把握することが必要であるという意見が多く出された。法施行後、各施設・事業所で意思決定支援がどのように把握され、どのように取り組まれているか、支援の現場からは何が求められているか等を調査し、その対策を進めていくことが求められる。

○また、既に、最重度の知的障がい者に対する意思決定支援に取り組んできた事業所もあることから、こうした事例を収集し事例研究を行うことも必要ではないか。

(2)意思決定を支える共通基盤（利用者を取り巻く社会環境との関係）の整備
○利用者の生活、活動の基盤が地域生活の中にあること。
○身近に使える障害福祉サービスがあり、サービスを使う体験があること。
○当事者活動の体験、仲間との活動経験があること
○利用者の思いを汲み取るスタッフや家族が身近に存在すること。
○利用者の意思決定を支える法制度があること。

(3)諸基準の改善
○前述2、3における本人の参画を原則とした本人中心の計画作成や支援を実現するためには、計画作成プロセスや支援プロセスに本人が関与することが欠かせない。本人か関与した上で、どのようなやりとりがなされたかが重要なのであり、そのためには、現状で多忙を極める相談支援専門員やサービス管理責任者、生活支援員等にゆとりが必要である。ゆとりを確保し、意思決定支援を実現、充実していくためには、相談支援専門員や生活支援員等の支援上の問題点や課題など現場の実態が把握され、人員配置基準や報酬など諸基準等の改善につなげていく必要がある。

(4)人材育成
○意思決定支援を促進するには、そのための人材育成が必要となる。特に困難ケースに対応できる職員の養成は計画的に進めていくべきである。
○計画作成に当たる支援者の育成は、意思決定支援の実践のための人材育成と考えられることから、「相談支援従事者初任者研修」、「相談支援従事者現任研修」、「サービス管理責任者養成研修」等のカリキュラムに、意思決定支援に関する講義が必要である。

(5)関係者の理解促進
○支援者だけでなく社会福祉法人の役員にも意思決定支援の意識向上が求められる。
○家族や行政の参加、関与も重要である。

(6)第三者機関
○意思決定支援を客観的に評価する第三者機関の整備について検討が必要ではないか。

障害者総合支援法3年後の見直しについて
～社会保障審議会障害者部会報告書　平成27年12月14日～【抜粋】

(略)

Ⅱ　基本的な考え方

　障害者総合支援法の施行後3年間の施行状況を踏まえ、今回の見直しの基本的な考え方について、「1．新たな地域生活の展開」、「2．障害者のニーズに対するよりきめ細かな対応」、「3．質の高いサービスを持続的に利用できる環境整備」の3つの柱に整理した。

1．新たな地域生活の展開

（1）本人が望む地域生活の実現

〇　地域での暮らしが可能な障害者が安心して地域生活を開始・継続できるよう、地域生活を支援する拠点の整備を進めるとともに、本人の意思を尊重した地域生活を支援するための方策や重度障害者に対応したグループホームの位置付け等について、対応を行う必要がある。

〇　障害者の意思が適切に反映された地域生活を実現するため、障害福祉サービスの提供に関わる主体等が、障害者の意思決定の重要性を認識した上で必要な対応を実施できるよう、意思決定支援に取り組むとともに、成年後見制度の適切な利用を促進する必要がある。

（2）常時介護を必要とする者等への対応

〇　地域生活を送る上で特に手厚い介護等が必要な障害者に対し、利用者のニーズに応じた柔軟な支援を行っていくため、入院中の重度障害者への対応や国庫負担基準についての小規模な市町村への配慮などについて、対応を行う必要がある。

（3）障害者の社会参加の促進

〇　障害者の社会参加を促進するため、通勤・通学等に関する移動支援について、関係省庁・関係施策と連携した取組を総合的に進めた上で、障害福祉サービスにおいて通勤・通学に関する訓練の実施や入院中の移動支援の利用について対応を行う必要がある。

〇　就労移行支援や就労継続支援について、工賃・賃金向上や一般就労への移行促進に向けた取組を一層進めるとともに、一般就労に移行した障害者が職場に定着できるよう、就労定着に向けた支援を強化する必要がある。

２．障害者のニーズに対するよりきめ細かな対応

（１）障害児に対する専門的で多様な支援

○ ライフステージに応じた切れ目の無い支援と保健、医療、福祉、保育、教育、就労支援等と連携した地域支援体制の構築を図る観点から、個々の障害児やその家族の状況・ニーズに応じて、気づきの段階からきめ細かく対応する必要がある。

○ 乳児院や児童養護施設等に入所している障害児や重度の障害等のために外出が困難な障害児に発達支援を提供できるよう必要な対応を行うとともに、医療的ケア児に必要な支援を提供するため、障害児に関する制度の中で明確に位置付けるなどの対応を行う必要がある。

○ 放課後等デイサービスなどの障害児通所支援の質の向上と支援内容の適正化を図るとともに、障害児支援に関するサービスを計画的に確保する取組を進める必要がある。

（２）高齢の障害者の円滑なサービス利用

○ 障害者が介護保険サービスを利用する場合も、必要なサービスが円滑に提供できるよう、障害福祉制度と介護保険制度との連携や、相談支援専門員と介護支援専門員との連携などの取組を推進する必要がある。

○ 障害者の高齢化に伴う心身機能の低下等に対応できるよう、人材育成や重度障害者に対応したグループホームの位置付けなど、必要な対応を行うとともに、「親亡き後」への準備を支援する取組を進める必要がある。

（３）精神障害者の地域生活の支援

○ 精神障害者の地域移行や地域定着の推進に向けて、医療と福祉等の様々な関係者が情報共有や連携を行う体制を構築するとともに、都道府県・保健所・市町村等の重層的な役割分担・協働を進める必要がある。

○ 地域移行や地域生活の支援に有効なピアサポートを担う人材等の育成・活用を進めるとともに、地域生活を支援する観点等から医療と福祉との連携を強化する必要がある。

（４）地域特性や利用者ニーズに応じた意思疎通支援

○ 意思形成や意思伝達に必要な意思疎通の支援について、障害種別ごとの特性やニーズに配慮したきめ細かな対応や計画的な人材養成等を進める必要がある。

３．質の高いサービスを持続的に利用できる環境整備

（１）利用者の意向を反映した支給決定の促進

○ 公平性や透明性を確保しつつ、利用者の意向が反映された適切な支給決定が行われるよう、相談支援専門員や市町村職員の資質の向上等に向けた取組や障害支援区分に係る制度の趣旨・運用等の徹底を図る必要がある。

（２）持続可能で質の高いサービスの実現

○ 障害福祉サービスの質の確保・向上に向けて、サービス事業所の情報を公表する仕組み、自治体が実施する事業所等への指導事務の効率化や審査機能の強化など、必要な取組を推進するとともに、障害者に対して必要な支援を確実に保障するため、サービス提供を可能な限り効率的なものとすること等により、財源を確保しつつ、制度を持続可能なものとしていく必要がある。

(略)

5．障害者の意思決定支援・成年後見制度の利用促進の在り方について

(1) 現状・課題

（意思決定支援の現状と課題）

○　障害者総合支援法においては、
- 　障害者が「どこで誰と生活するかについての選択の機会が確保」される旨を規定（第1条の2　基本理念）
- 　指定事業者や指定相談支援事業者に対し、障害者等の意思決定の支援に配慮するよう努める旨を規定（第42条、第51条の22）

するなど、「意思決定支援」を重要な取組として位置付けている。

○　現在、意思決定支援の定義・意義・仕組み等を明確化するためのガイドラインの策定に向けた調査研究が進められているが、今後、当該ガイドラインを関係者の間で共有し、その普及や質の向上に向けた取組を進めていく必要がある。

　　その際、意思決定支援は、相談支援をはじめとした障害福祉サービスの提供において当然に考慮されるべきものであり、特別なサービス等として位置付けるような性質のものではないことに留意が必要である。

○　精神障害者については、障害者総合支援法における意思決定支援のほか、精神保健福祉法改正（平成25年）の附則に、入院中の処遇や退院等に関する意思決定や意思表明の支援の在り方に関する検討規定が置かれており、また、平成24年度から継続的に「精神障害者の意思決定支援に関する調査研究」が実施されている。

（成年後見制度）

○　成年後見制度の利用促進に向け、障害者総合支援法に基づき、市町村において地域生活支援事業（必須事業）が実施されている。
- 　成年後見制度 利用支援事業（申立て経費、後見人等の報酬等の補助）【1,360市町村で実施】
- 　成年後見制度 法人後見支援事業（法人後見の実施に向けた研修、組織体制の構築支援 等）【207市町村で実施】

○　一方で、現行の成年後見制度については、
- 　成年後見制度の利用形態に偏りがあり、「後見」の利用者が「保佐」や「補助」の利用者に比べて非常に多く、適切な後見類型が選択されていないのではないか
- 　担い手の確保や支援の質の向上（本人の意思の尊重や身上の配慮等）が必要なのではないか
- 　医療同意の在り方等の課題についての検討が必要なのではないか

現場で活かせる意思決定支援 ※ 155

・　障害者権利条約第 12 条との関係を整理する必要があるのではないか
などの指摘がなされている。

(2)　今後の取組

（基本的な考え方）
○　日常生活や社会生活等において障害者の意思が適切に反映された生活が送れるよう、障害福祉サービスの提供に関わる主体等が、障害者の意思決定の重要性を認識した上で、必要な対応を実施できるようにするとともに、成年後見制度の適切な利用を促進するため、以下のような取組を進めるべきである。

（意思決定支援ガイドライン）
○　意思決定支援の定義や意義、標準的なプロセス（サービス等利用計画や個別支援計画の作成と一体的に実施等）、留意点（意思決定の前提となる情報等の伝達等）等を取りまとめた「意思決定支援ガイドライン（仮称）」を作成し、事業者や成年後見の担い手を含めた関係者間で共有し、普及を図るべきである。あわせて、意思決定支援の質の向上を図るため、このようなガイドラインを活用した研修を実施するとともに、相談支援専門員やサービス管理責任者等の研修のカリキュラムの中にも位置付けるべきである。
　　なお、ガイドラインの普及に当たっては、その形式的な適用にとらわれるあまり、実質的な自己決定権が阻害されることのないよう留意する必要がある。

（障害福祉サービスにおける意思決定支援）
○　障害福祉サービスの具体的なサービス内容の要素として「意思決定支援」が含まれる旨を明確化すべきである。

（入院中の精神障害者の意思決定支援）
○　入院中の精神障害者の意思決定支援については、計画相談支援や地域移行支援といった障害福祉サービスの利用に関して、上記のような対応を検討するとともに、精神保健福祉法改正（平成 25 年）に係る検討規定に基づく見直しの中でもさらに検討すべきである。

（成年後見制度の利用支援等）
○　「親亡き後」への備えも含め、障害者の親族等を対象とし、成年後見制度利用の理解促進（例えば、支援者に伝達するために作成する本人の成長・生活に関わる情報等の記録の活用）や、個々の必要性に応じた適切な後見類型の選択につなげることを目的とした研修を実施すべきである。

○　成年後見制度そのものの課題については、当部会の調査審議事項を超えるものであるが、当部会における議論の内容については、内閣府に設置されている障害者政策委員会や法務省に伝え、今後の議論に活かされるようにしていくべきである。

障害福祉サービス等の提供に係る意思決定支援ガイドライン
（平成29年３月31日　厚生労働省社会・援護局障害福祉部長通知）

障害福祉サービス等の提供に係る意思決定支援ガイドライン

Ⅰ．はじめに
１．ガイドライン策定の背景

　　「地域社会における共生の実現に向けて新たな障害保健福祉施策を講ずるための関係法律の整備に関する法律」の附則第３条においては、法施行後３年を目途として障害福祉サービスの在り方等について検討を加え、その結果に基づいて所要の措置を講ずることとされており、「障害者の意思決定支援の在り方」が見直し事項の一つに挙げられている。

　　社会保障審議会障害者部会では、平成27年４月から見直しに向けた検討を行い、平成27年12月に今後の取組について報告書を取りまとめた。

　　同報告書では、障害者の意思決定支援の今後の取組について以下の記載が盛り込まれており、「障害福祉サービス等の提供に係る意思決定支援ガイドライン」（以下「ガイドライン」という。）は、これらの内容を踏まえて作成されたものである。

※　「障害者総合支援法施行３年後の見直しについて」（平成27年12月14日社会保障審議会障害者部会報告書）より抜粋

５．障害者の意思決定支援・成年後見制度の利用促進の在り方について
（２）今後の取組
（基本的な考え方）
　○　日常生活や社会生活等において障害者の意思が適切に反映された生活が送れるよう、障害福祉サービスの提供に関わる主体等が、障害者の意思決定の重要性を認識した上で、必要な対応を実施できるようにするとともに、成年後見制度の適切な利用を促進するため、以下のような取組を進めるべきである。

（意思決定支援ガイドライン）
　○　意思決定支援の定義や意義、標準的なプロセス（サービス等利用計画や個別支援計画の作成と一体的に実施等）、留意点（意思決定の前提となる情報等の伝達等）を取りまとめた「意思決定支援ガイドライン（仮称）」を作成し、事業者や成年後見の担い手を含めた関係者間で共有し、普及を図るべきである。あわせて、意思決定支援の質の向上を図るため、このようなガイドラインを活用した研修を実施するとともに、相談支援専門員やサービス管理責任者等の研修のカリキュラムの中にも位置付けるべきである。
　　　なお、ガイドラインの普及に当たっては、その形式的な適用にとらわれるあまり、実質的な自己決定権が阻害されることのないよう留意する必要がある。

（障害福祉サービスにおける意思決定支援）
　○　また、障害福祉サービスの具体的なサービス内容の要素として「意思決定支援」が含まれる旨を明確化すべきである。

---

2. ガイドラインの趣旨

障害者の日常生活及び社会生活を総合的に支援するための法律（以下「障害者総合支援法」という。）第1条の2（基本理念）においては、障害者本人（以下「本人」という。）が「どこで誰と生活するかについての選択の機会が確保」される旨を規定し、指定相談支援事業者及び指定障害福祉サービス事業者等（以下「事業者」という。）に対し、障害者等の意思決定の支援に配慮するよう努める旨を規定する（第42条、第51条の22）など、「意思決定支援」を重要な取組として位置づけている。

また、障害者基本法においては、国及び地方公共団体は、障害者の意思決定の支援に配慮しつつ、障害者及びその家族その他の関係者に対する相談業務、成年後見制度その他の障害者の権利利益の保護等のための施策又は制度が、適切に行われ又は広く利用されるようにしなければならないと定めている（第23条）。

ノーマライゼーション理念の浸透や障害者の権利擁護が求められるなかで、障害者の自己決定の尊重に基づいて支援することの重要性は誰もが認識するところである。しかし、自己決定が困難な障害者に対する支援の枠組みや方法等については必ずしも標準的なプロセスが示されていない。ガイドラインは、事業者がサービス等利用計画や個別支援計画を作成してサービスを提供する際の障害者の意思決定支援についての考え方を整理し、相談支援や、施設入所支援等の障害福祉サービス（以下「サービス」という。）の現場において意思決定支援がより具体的に行われるための基本的考え方や姿勢、方法、配慮されるべき事項等を整理し、事業者がサービスを提供する際に必要とされる意思決定支援の枠組みを示し、もって障害者の意思を尊重した質の高いサービスの提供に資することを目的とするものである。

ガイドラインは、事業者がサービスを提供する際に行う障害者の意思決定支援の枠組みを示すものであるが、本人、事業者、家族や成年後見人等（保佐人及び補助人並びに任意後見人を含む。以下同じ。）の他に、必要に応じて教育関係者や医療関係者、福祉事務所、市区町村の虐待対応窓口や保健所等の行政関係機関、障害者就業・生活支援センター等の就労関係機関、ピアサポーター等の障害当事者による支援者、本人の知人等の関係者、関係機関等（以下「関係者等」という。）、障害者に関わる多くの人々にも意思決定支援への参加を促すものである。

障害者の意思決定支援については、それぞれの障害の状態等において個別性が高く、その支援方法も多様なものである。事業者は、ガイドラインの内容を踏まえ、各事業者の実情や個々の障害者の態様に応じて不断に意思決定支援に関する創意工夫を図り、質の向上に努めなければならない。

また、事業者の意思決定支援に関する取組の蓄積を踏まえ、ガイドラインの内容も見直していくことが必要である。

Ⅱ. 総論

1. 意思決定支援の定義

　　本ガイドラインにおける意思決定支援は、障害者への支援の原則は自己決定の尊重であることを前提として、自ら意思を決定することが困難な障害者に対する支援を意思決定支援として次のように定義する。

　　意思決定支援とは、自ら意思を決定することに困難を抱える障害者が、日常生活や社会生活に関して自らの意思が反映された生活を送ることができるように、可能な限り本人が自ら意思決定できるよう支援し、本人の意思の確認や意思及び選好を推定し、支援を尽くしても本人の意思及び選好の推定が困難な場合には、最後の手段として本人の最善の利益を検討するために事業者の職員が行う支援の行為及び仕組みをいう。

2. 意思決定を構成する要素

　　障害者の意思決定を構成する要素としては、次の三つが考えられる。

（1）本人の判断能力

　　本人の障害による判断能力の程度は、意思決定に大きな影響を与える。

　　例えば、何を食べるか、何を着るかといった日常生活における意思決定は可能だが、施設から地域生活への移行等住まいの場の選択については意思決定に支援が必要であるといった事例が考えられる。意思決定を進める上で、本人の判断能力の程度についての慎重なアセスメントが重要となる。

（2）意思決定支援が必要な場面

　　意思決定支援は、次のような場面で必要とされることが考えられる。

　① 日常生活における場面

　　日常生活における意思決定支援の場面としては、例えば、食事、衣服の選択、外出、排せつ、整容、入浴等基本的生活習慣に関する場面の他、複数用意された余暇活動プログラムへの参加を選ぶ等の場面が考えられる。日頃から本人の生活に関わる事業者の職員が場面に応じて即応的に行う直接支援の全てに意思決定支援の要素が含まれている。

　　日常生活における場面で意思決定支援を継続的に行うことにより、意思が尊重された生活体験を積み重ねることになり、本人が自らの意思を他者に伝えようとする意欲を育てることにつながる。

　　日常生活における支援場面の中で、継続的に意思決定支援を行うことが重要である。

　② 社会生活における場面

　　障害者総合支援法の基本理念には、全ての障害者がどこで誰と生活するかについての選択の機会が確保され、地域社会において他の人々と共生することを妨げられない旨が定められていることに鑑みると、自宅からグループホームや入所施設等に住まい

現場で活かせる意思決定支援 ❈ 159

の場を移す場面や、入所施設から地域移行してグループホームに住まいを替えたり、グループホームの生活から一人暮らしを選ぶ場面等が、意思決定支援の重要な場面として考えられる。

　　体験の機会の活用を含め、本人の意思確認を最大限の努力で行うことを前提に、事業者、家族や、成年後見人等の他、必要に応じて関係者等が集まり、判断の根拠を明確にしながら、より制限の少ない生活への移行を原則として、意思決定支援を進める必要がある。

（３）人的・物理的環境による影響
　　意思決定支援は、本人に関わる職員や関係者による人的な影響や環境による影響、本人の経験の影響等を受ける。

　　例えば、意思決定支援に関わる職員が、本人の意思を尊重しようとする態度で接しているかどうかや、本人との信頼関係ができているかどうかが影響することが考えられる。また、意思決定の場面に立ち会う家族等の関係者との関係性も影響を与える可能性がある。

　　環境に関しては、初めての慣れない場所で意思決定支援が行われた場合、本人が過度に緊張してしまい、普段通りの意思表示ができないことも考えられる。また、サービスの利用の選択については、体験利用を活用し経験に基づいて選択ができる方法の活用など経験の有無によっても影響されることが考えられる。

３．意思決定支援の基本的原則
　　意思決定支援の基本的原則を次のように整理する。
（１）本人への支援は、自己決定の尊重に基づき行うことが原則である。本人の自己決定にとって必要な情報の説明は、本人が理解できるよう工夫して行うことが重要である。また、幅広い選択肢から選ぶことが難しい場合は、選択肢を絞った中から選べるようにしたり、絵カードや具体物を手がかりに選べるようにしたりするなど、本人の意思確認ができるようなあらゆる工夫を行い、本人が安心して自信を持ち自由に意思表示できるよう支援することが必要である。

（２）職員等の価値観においては不合理と思われる決定でも、他者への権利を侵害しないのであれば、その選択を尊重するよう努める姿勢が求められる。
　　また、本人が意思決定した結果、本人に不利益が及ぶことが考えられる場合は、意思決定した結果については最大限尊重しつつも、それに対して生ずるリスクについて、どのようなことが予測できるか考え、対応について検討しておくことが必要である。例えば、疾病による食事制限があるのに制限されている物が食べたい、生活費がなくなるのも構わず大きな買い物がしたい、一人で外出することは困難と思われるが、一人で外出がしたい等の場合が考えられる。
　　それらに対しては、食事制限されている食べ物は、どれぐらいなら食べても疾病に影

響がないのか、あるいは疾病に影響がない同種の食べ物が用意できないか、お金を積み立ててから大きな買い物をすることができないか、外出の練習をしてから出かけ、さらに危険が予測される場合は後ろから離れて見守ることで対応することができないか等、様々な工夫が考えられる。

リスク管理のためには、事業所全体で取り組む体制を構築することが重要である。また、リスク管理を強調するあまり、本人の意思決定に対して制約的になり過ぎないよう注意することが必要である。

（3）本人の自己決定や意思確認がどうしても困難な場合は、本人をよく知る関係者が集まって、本人の日常生活の場面や事業者のサービス提供場面における表情や感情、行動に関する記録などの情報に加え、これまでの生活史、人間関係等様々な情報を把握し、根拠を明確にしながら障害者の意思及び選好を推定する。

本人のこれまでの生活史を家族関係も含めて理解することは、職員が本人の意思を推定するための手がかりとなる。

4．最善の利益の判断

本人の意思を推定することがどうしても困難な場合は、関係者が協議し、本人にとっての最善の利益を判断せざるを得ない場合がある。最善の利益の判断は最後の手段であり、次のような点に留意することが必要である。

（1）メリット・デメリットの検討

最善の利益は、複数の選択肢について、本人の立場に立って考えられるメリットとデメリットを可能な限り挙げた上で、比較検討することにより導く。

（2）相反する選択肢の両立

二者択一の選択が求められる場合においても、一見相反する選択肢を両立させることができないか考え、本人の最善の利益を追求する。

例えば、健康上の理由で食事制限が課せられている人も、運動や食材、調理方法、盛り付け等の工夫や見直しにより、可能な限り本人の好みの食事をすることができ、健康上リスクの少ない生活を送ることができないか考える場合などがある。

（3）自由の制限の最小化

住まいの場を選択する場合、選択可能な中から、障害者にとって自由の制限がより少ない方を選択する。

また、本人の生命または身体の安全を守るために、本人の最善の利益の観点からやむを得ず行動の自由を制限しなくてはならない場合は、行動の自由を制限するより他に選択肢がないか、制限せざるを得ない場合でも、その程度がより少なくてすむような方法

が他にないか慎重に検討し、自由の制限を最小化する。

その場合、本人が理解できるように説明し、本人の納得と同意が得られるように、最大限の努力をすることが求められる。

5．事業者以外の視点からの検討

意思決定支援を進める上で必要となる本人に関する多くの情報は、本人にサービス提供している事業者が蓄積している。しかし、事業者はサービスを提供する上で、制度や組織体制による制約もあるため、それらが意思決定支援に影響を与える場合も考えられることから、そのような制約を受けない事業者以外の関係者も交えて意思決定支援を進めることが望ましい。本人の家族や知人、成年後見人等の他、ピアサポーターや基幹相談支援センターの相談員等が、本人に直接サービスを提供する立場とは別の第三者として意見を述べることにより、様々な関係者が本人の立場に立ち、多様な視点から本人の意思決定支援を進めることができる。

6．成年後見人等の権限との関係

法的な権限を持つ成年後見人等には、法令により財産管理権とともに身上配慮義務が課されている。一方、事業者が行う意思決定支援においても、自宅からグループホームや入所施設等への住まいの場の選択や、入所施設からの地域移行等、成年後見人等が担う身上配慮義務と重複する場面が含まれている。意思決定支援の結果と成年後見人等の身上配慮義務に基づく方針が齟齬をきたさないよう、意思決定支援のプロセスに成年後見人等の参画を促し、検討を進めることが望ましい。

なお、保佐人及び補助人並びに任意後見人についても、基本的な考え方としては、成年後見人についてと同様に考えることが望まれる。

Ⅲ．各論

1．意思決定支援の枠組み

　　意思決定支援の枠組みは、意思決定支援責任者の配置、意思決定支援会議の開催、意思
　決定の結果を反映したサービス等利用計画・個別支援計画（意思決定支援計画）の作成と
　サービスの提供、モニタリングと評価・見直しの5つの要素から構成される。このように
　して作成されたサービス等利用計画・個別支援計画（意思決定支援計画）に基づき、日頃
　から本人の生活に関わる事業者の職員が、全ての生活場面の中で意思決定に配慮しながら
　サービス提供を行うこととなる。

（1）意思決定支援責任者の役割

　　　意思決定支援を適切に進めるため、事業者は意思決定支援責任者を配置することが望
　　ましい。意思決定支援責任者は、意思決定支援計画作成に中心的に関わり、意思決定支
　　援会議を企画・運営するなど、意思決定支援の枠組みを作る役割を担う。

　　　具体的には、意思決定支援責任者は、本人の希望するサービスを提供するためのサー
　　ビス等利用計画や個別支援計画を作成する前提として、意思決定支援を適切に進めるた
　　め、本人の意思の確認・推定や本人の最善の利益の検討の手順や方法について計画する。

　　　また、本人の意思決定支援に参考となる情報や記録を誰から収集するか、意思決定支
　　援会議の参加者の構成、意思を表出しやすい日時や場所の設定、絵カードの活用等本人
　　とのコミュニケーション手段の工夫等、意思決定支援を進める上で必要となる事項につ
　　いて検討する。

　　　さらに、意思決定支援責任者は、意思決定を必要とする事項について本人から直接話
　　しを聞いたり、日常生活の様子を観察したり、体験の機会を通じて本人の意思を確認し
　　たり、関係者から情報を収集したりすることを通じて、本人の意思及び選好、判断能力、
　　自己理解、心理的状況、これまでの生活史等本人の情報、人的・物理的環境等を適切に
　　アセスメントする。

　　　上記のような役割を担う意思決定支援責任者については、相談支援専門員又はサービ
　　ス管理責任者とその役割が重複するものであり、これらの者が兼務することが考えられ
　　る。

（2）意思決定支援会議の開催

　　　意思決定支援会議は、本人参加の下で、アセスメントで得られた意思決定が必要な事
　　項に関する情報や意思決定支援会議の参加者が得ている情報を持ち寄り、本人の意思を
　　確認したり、意思及び選好を推定したり、最善の利益を検討する仕組みである。意思決
　　定支援会議は、本人の意思を事業者だけで検討するのではなく、家族や、成年後見人等
　　の他、必要に応じて関係者等の参加を得ることが望ましい。

　　　意思決定支援会議については、相談支援専門員が行う「サービス担当者会議」やサー
　　ビス管理責任者が行う「個別支援会議」と一体的に実施することが考えられる。

　　　また、障害者総合支援法第89条の3第1項に規定する協議会（（以下「協議会」とい

う。）においては、地域の事業者における意思決定支援会議の開催状況等を把握し、取組を促進することが望まれる。

（3）意思決定が反映されたサービス等利用計画や個別支援計画（意思決定支援計画）の作成とサービスの提供

　　意思決定支援によって確認又は推定された本人の意思や、本人の最善の利益と判断された内容を反映したサービス等利用計画や個別支援計画（意思決定支援計画）を作成し、本人の意思決定に基づくサービスの提供を行うことが重要である。

　　体験を通じて本人が選択できたり、体験中の様子から本人の意思の推定が可能となったりするような場合は、そのようなアセスメント方法を意思決定支援計画の中に位置付けることも必要である。例えば、長期間、施設や病院に入所・入院しており、施設や病院以外で生活したいと思っていても、何らかの理由でそれをあきらめて選択に消極的になっていたり、施設や病院以外で生活する経験がなくて選びようがなかったりしている障害者に対し、必要に応じて地域移行支援の利用やグループホーム等の体験利用を通じて、実際の経験等を通じた意思決定支援を行うような場合が考えられる。

（4）モニタリングと評価及び見直し

　　意思決定支援を反映したサービス提供の結果をモニタリングし、評価を適切に行い、次の支援でさらに意思決定が促進されるよう見直すことが重要である。モニタリングと評価及び見直しについては、意思決定の結果を反映したサービス等利用計画や個別支援計画に基づくサービス提供を開始した後の本人の様子や生活の変化について把握するとともに、その結果、本人の生活の満足度を高めたか等について評価を行うことが必要である。それらのモニタリング及び評価の情報を記録に残すことで、次に意思決定支援を行う際の有効な情報となり、見直しにつながる。

　　意思決定支援は、Plan（計画）、Do（実行）、Check（評価）、Act（改善）で構成されるいわゆるＰＤＣＡサイクルを繰り返すことによって、より丁寧に行うことができる。

2．意思決定支援における意思疎通と合理的配慮

　　意思決定支援を行うにあたっては、意思決定に必要だと考えられる情報を本人が十分理解し、保持し、比較し、実際の決定に活用できるよう配慮をもって説明し、決定したことの結果起こり得ること等を含めた情報を可能な限り本人が理解できるよう、意思疎通における合理的配慮を行うことが重要である。

　　本人との意思疎通を丁寧に行うことによって、本人と支援者とのコミュニケーションが促進され、本人が意思を伝えようとする意欲が高まり、本人が意思決定を行いやすい状態をつくることができる。

3．意思決定支援の根拠となる記録の作成

意思決定支援を進めるためには、本人のこれまでの生活環境や生活史、家族関係、人間関係、嗜好等の情報を把握しておくことが必要である。家族も含めた本人のこれまでの生活の全体像を理解することは、本人の意思を推定するための手がかりとなる。

　また、本人の日常生活における意思表示の方法や表情、感情、行動から読み取れる意思について記録・蓄積し、本人の意思を読み取ったり推定したりする際に根拠を持って行うことが重要である。本人が意思決定することが難しい場合でも、「このときのエピソードには、障害者の意思を読み取る上で重要な『様子』が含まれている」という場合がある。そういった、客観的に整理や説明ができないような「様子」を記録に残し、積み上げていくことは、障害者の意思決定を支援する上で重要な参考資料になる。

　また、意思決定支援の内容と結果における判断の根拠やそれに基づく支援を行った結果がどうだったかについて記録しておくことが、今後の意思決定支援に役立つため、記録の方法や内容について検討することが有用である。

４．職員の知識・技術の向上

　職員の知識・技術等の向上は、意思決定支援の質の向上に直結するものであるため、意思決定支援の意義や知識の理解及び技術等の向上への取組みを促進させることが重要である。

　そのためには、ガイドラインを活用した研修を実施するとともに、意思決定支援に関する事例検討を積み重ねることが重要である。また、書籍による文献学習、内部の勉強会、実地研修（ＯＪＴ）、外部研修の受講等、具体的な研修計画を立案し、進めることが効果的である。

５．関係者、関係機関との連携

　意思決定支援責任者は、事業者、家族や成年後見人等の他、関係者等と連携して意思決定支援を進めることが重要である。

　関係者等と連携した意思決定支援の枠組みの構築には、協議会を活用する等、地域における連携の仕組みづくりを行い、意思決定支援会議に関係者等が参加するための体制整備を進めることが必要である。

　意思決定支援の結果、社会資源の不足が明らかとなった場合等は、協議会で共有し、その開発に向けた検討を行ったり、自治体の障害福祉計画に反映し、計画的な整備を進めたりするなど、本人が自らの意思を反映した生活を送ることができるよう取り組みを進めることが求められる。

６．本人と家族等に対する説明責任等

　本人と家族等に対して、意思決定支援計画、意思決定支援会議の内容についての丁寧な説明を行う。また、苦情解決の手順等の重要事項についても説明する。事業者においては、本人や家族等からの苦情について、迅速かつ適切に対応するために、苦情解決規程を定めた上で苦情を受け付けるための窓口の設置や第三者委員の配置等の必要な措置を講じて

いるところである。意思決定支援に関する苦情についても、苦情解決規程に従った対応を行い、意思決定支援責任者は、苦情受付担当者、苦情解決責任者、第三者委員と協働して対応に当たることが必要である。

　意思決定支援に関わった事業者、成年後見人等や関係者等は、職を辞した後も含めて、業務上知り得た本人やその家族の秘密を保持しなければならない。

(図1）意思決定支援の流れ

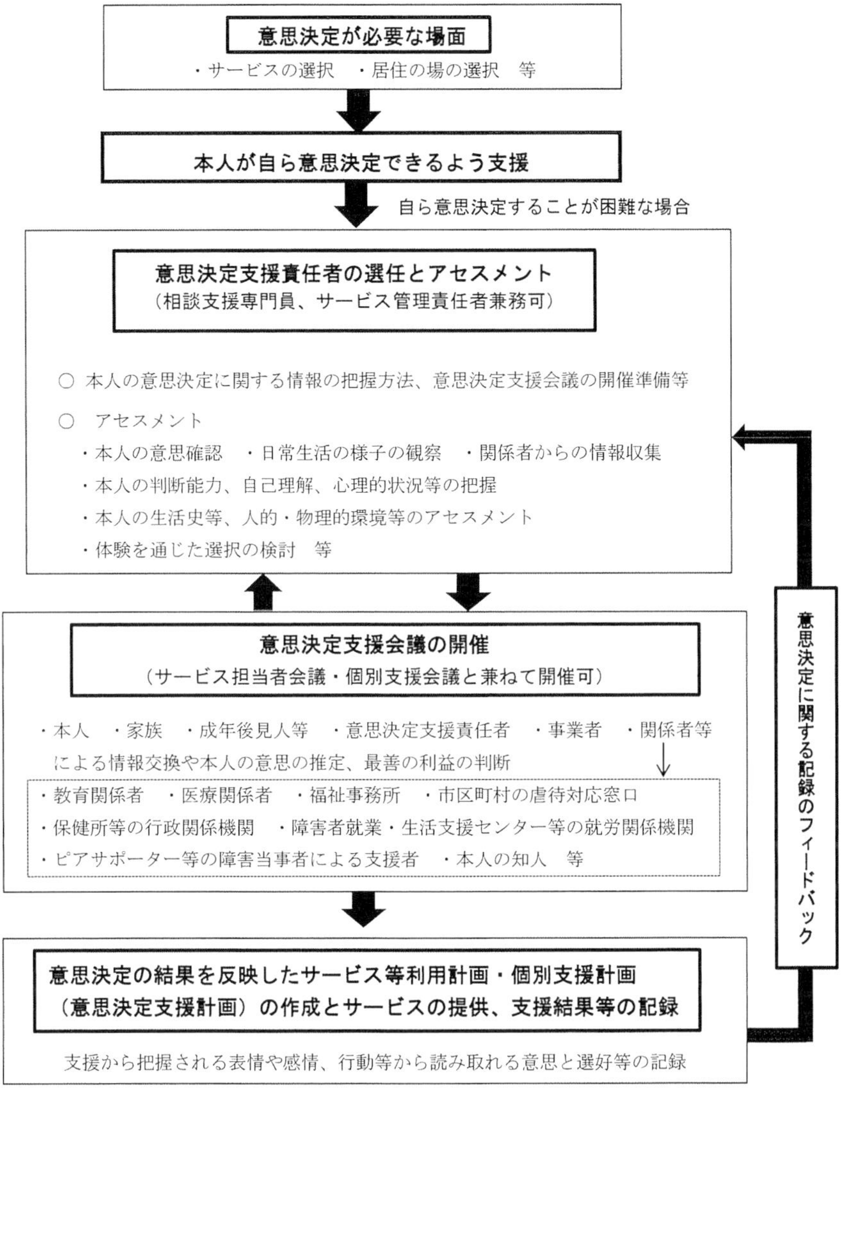

Ⅳ．意思決定支援の具体例

1．日中活動プログラムの選択に関する意思決定支援

　　重度の知的障害があり、言葉で意思を伝えることが難しいＡさんが、生活介護事業所を利用することになった。生活介護事業所のサービス管理責任者は、Ａさんの日中活動プログラムをどのように考えたら良いか悩んでいた。そこで、Ａさんの日中活動を決めるために、意思決定支援会議を開くことにした。意思決定支援会議には、Ａさんと家族、Ａさんをよく知る学校の先生、移動支援事業所の支援員、生活介護事業所の担当職員、Ａさんを担当する相談支援専門員が参加し、サービス管理責任者が意思決定支援責任者となって会議を進めることになった。

　　意思決定支援責任者は、会議の参加者にＡさんの日頃の様子から読み取ることができる意思や好み、それらを判断するための手がかり等の情報を報告してもらった。Ａさんは、家族や顔見知りの人がいるため、安心しているように感じられた。家族からは、Ａさんが祖母にかわいがられて育ち、祖母が得意だった饅頭作りをうれしそうに一緒にしていたことや、沢山作った饅頭を近所に配ることにも付いていき、人から喜ばれるとうれしそうだったこと等が話された。学校の先生からは、Ａさんは友だちと関わることが好きだったことや、静かな音楽を好んで聴いていたこと、紙に絵の具で色を塗ることが好きで、机に向かって集中して取り組んでいたが、ペットボトルキャップの分類のような作業的なことはすぐに飽きてイスから立ち上がってしまったことが話された。移動支援事業所の支援員からは、Ａさんは森の中を散歩して、鳥のさえずりを聞くと耳を澄ましてうれしそうにしているが、人混みや雑音が多い場所は苦手なようで表情が険しくなったり、イライラした感じになったりしてしまうことが話された。

　　意思決定支援責任者は、これらの情報を整理し、日中活動のプログラムを検討した。その結果、まずはＡさんにとって生活介護事業所が居心地の良い場所であることを知ってもらうため、Ａさんの日中活動を、静かな音楽が流れる部屋でパンやクッキー、饅頭を作る活動や、紙と絵の具でペインティングする活動、森の中の散歩道を鳥のさえずりを聞きながら数人で歩く活動等から始めることとし、また、そうした日中活動の中でのＡさんの表情に注目し、Ａさんの意思表示の手がかりを記録に残し、今後の意思決定支援のための情報を蓄積することとなり、意思決定支援計画と個別支援計画を一体的に作成した。また、これらの取組を行ってから3ヶ月後に、見直しのための会議を開くこととした。

2．施設での生活を継続するかどうかの意思決定支援

　　施設入所支援を利用して15年になるＢさんは、知的障害と自閉症があり、言葉によるコミュニケーションが難しい状態であった。また、家族が亡くなり、成年後見人が選任されていた。担当の相談支援専門員は、継続サービス利用支援によるモニタリングで、今後も引き続き施設入所支援を利用するのか、グループホーム等に生活の場を移行するのか、Ｂさんの意思決定支援が必要であると考えていた。

　　そこで、担当の相談支援専門員が意思決定支援責任者となり、Ｂさんと成年後見人、施設入所支援のサービス管理責任者とＢさんの担当職員、グループホームのサービス管理

責任者の参加により、Bさんの意思決定支援会議を開くこととなった。Bさんは、いつも
のスケジュールとは違う会議への参加となり、落ち着きがなく不安そうにしていた。その
様子を見ていた成年後見人は、Bさんが施設に慣れて落ち着いた生活を送れているのに、
生活の場を変えることでBさんが不安定な状態にならないか不安であると話した。意思
決定支援責任者が、自宅でのBさんの様子について成年後見人に尋ねると、帰省した時
は、自分でお湯を沸かしてカップラーメンを作って食べていること等が話された。施設入
所支援のサービス管理責任者と担当職員はその話を聞いて、施設では自分でお湯を沸かし
たり、カップラーメンを作って食べたりする場面がなかったため、施設の環境がBさん
の本来できることを狭めてしまっているのではないか、Bさんにとってよりよい生活の場
について考えることが必要ではないかと思った、と話した。

　Bさんは、目の前にある洋服や食べ物の中から自分が気に入った物を選んだり、絵カー
ドや写真カードを見て、その日に行う活動を選んだりはできるが、経験したことがないグ
ループホームの生活と今の施設の生活を比べて選ぶことは難しかった。そこで、グループ
ホームのサービス管理責任者は、空き部屋のあるグループホームがあるので、体験利用を
してみて、その様子からBさんの意思を確認してはどうかと提案した。成年後見人も、「体
験してみた結果がBさんのためになるなら」という意見であった。

　意思決定支援責任者である相談支援専門員は、意思決定支援会議の結果を踏まえてサー
ビス等利用計画を変更し、地域移行支援に基づくグループホームの体験利用を行う内容に
見直した。また、1ヶ月後に再度意思決定支援会議を開き、Bさんの体験利用の様子を共
有し、Bさんが今後の生活の場について施設の利用を継続したいのか、グループホームで
生活したいのかについて確認することになった。Bさんがグループホームで混乱しないよ
うに、施設で使っていた絵カードやスケジュールをグループホームでも使うことにした。
人数の少ないグループホームの環境は、Bさんにとって落ち着けるようだった。近くのコ
ンビニエンス・ストアに買い物に行ったり、カップラーメンを作ったり、冷凍食品を電子
レンジで温めて食べたりと、Bさんは生活を主体的に広げていった。

　1ヶ月後に、意思決定支援会議が開かれ、グループホームでの体験利用の様子が報告さ
れた。その内容から、Bさんの意思がどこにあるのか、成年後見人も含めた誰にとっても
明らかであった。

3．精神科病院からの退院に関する意思決定支援

　65才の女性Cさんは統合失調症で、引きこもりがちで軽度の知的障害がある32才の
息子Dさんと二人暮らしをしていた。自宅は持ち家で、Cさんの老齢年金と遺族年金で
生計を立てていたが、生活は苦しかった。Cさんは、数年前に交通事故に遭ってから家事
が難しくなり、Dさんが買い物や掃除、洗濯、調理を行っていた。ところが、1年前にD
さんが家出をしてから不穏になり、近隣宅に上がり込む等の行為が度々起こるようになり、
医療保護入院となった。家出していたDさんは、Cさんが入院した後、自宅に戻ってき
た。Dさんの家出の原因は、病状が不安定なCさんの面倒をみることに疲れてしまった
ためであったが、Cさんが退院した後は、一緒に生活することを希望していた。

Cさんは、入院して3か月で病状が安定した。しかし、自発的な意思の表明が乏しく、意欲の低下もあり「もう自宅へは帰れない」と退院をあきらめてしまっているようだった。

　病院のソーシャルワーカーが「退院後生活環境相談員1」となり、熱心に退院に向けた働きかけを行ったが、Cさんは黙り込んでしまうだけだった。退院支援委員会は、入院中の障害者や家族からの相談に応じ、必要な情報提供等を行う地域援助事業者として、委託相談支援事業所に参加してもらうことにした。

　委託相談支援事業所の相談員は、地域移行支援の利用を念頭に、意思決定支援責任者として意思決定支援会議を開いた。参加者は、病院の主治医と退院後生活環境相談員、病棟受け持ち看護師、役所の障害福祉担当職員、保健所の保健師、息子のDさんであった。Cさんは、参加したくないとのことだった。

　役所の障害福祉担当職員とDさんによれば、Cさんは、一家を支えるしっかり者だったが、発病後、金銭をだまし取られる等の苦労をしてから不安が強くなり、同じことの確認を何回もすることもあったが、丁寧な説明があれば理解できる力をもっていること、入院前には、服薬の中断や減薬により怒りやすく命令口調となり、近隣住民への被害妄想もあったことが話された。病院の主治医と退院後生活環境相談員からは、入院中のCさんは、陰性症状のため自発的な意思の表明が乏しく、人に対する警戒心もあってほとんど話しをすることがないという状況が報告された。意思決定支援会議では、Cさんが「もう自宅へは帰れない」と言った背景を理解し、Cさんの意思を確認する手がかりを得るために、意思決定支援責任者である相談員がCさんを伴って自宅に行ってみることになった。

　自宅は老朽化が進んでおり、Dさんが家出をしていた1年間でゴミ屋敷のような状態になっていた。自宅に戻ったDさんも交えて、Cさんの話しを聴いた。Cさんは、家事全般をしてくれていたDさんが家出をしたことはショックだったこと等を話し始めた。Cさんは、趣味だった手芸品や書道作品、賞状等を見せてくれた。昔の写真には、流行の服を着て笑顔でポーズをとる姿が写っていた。実家は立派な透かし彫りの小壁がある自慢の家だったという。Cさんは、自宅に帰りたい気持ちはあるが建物が老朽化してゴミ屋敷の状態であり、入院生活での足腰の筋力の低下により自宅の和式トイレを使うことができないため生活できないと考えていたこと、引っ越すとしても、お金をだまし取られたため資金がないこと、生活費が苦しいこと等問題が山積みで、「もう自宅へは帰れない」とあきらめていたと話した。

　相談員は、Cさんの所得状況だと生活保護の申請ができること、そのための手続やアパート探しの仕方等をわかりやすく説明し、自宅以外の暮らしもできることを丁寧に伝えた。息子のDさんは、それにできる限り協力することをCさんに伝えた。

　相談員は、再度意思決定支援会議を開いた。今回はCさんも参加し、生活保護を受けてアパートを借り、息子と生活したいという意思を伝えることができた。Cさんは、退院後も、日常生活の様々な場面で意思決定支援を受けながら、本人らしい生活を送っている。

---

1 精神保健福祉法では、病院は個々の医療保護入院者が早期に退院できるよう支援するための取組において中心的役割を果たす退院後生活環境相談員を選任することが義務づけられています。退院後生活環境相談員になれるのは、精神保健福祉士、保健師等であって、精神障害者に関する業務の経験がある方、もしくは上記職種以外であって厚生労働大臣が定める研修を修了した方です。

（参考）Ａさんの意思決定支援のためのアセスメント表

意思決定支援のためのアセスメント表

＜意思決定支援が必要な項目＞

Ａさんが取り組みたい日中活動プログラムは？

＜これまでの生活史＞

○Ａさんは1歳6ヶ月の検診で知的な発達の遅れが指摘され、知的障害があることが分かりました。両親と3歳年上の姉、そして父方の祖母との5人暮らしでした。穏やかでおとなしい性格で近所にかわいがられて育ちました。祖母が得意であった饅頭作りをうれしそうに手伝ったり、祖母と一緒に近所に配って歩いてはＡさんもとてももらえしそうな表情を見せていたそうです。

○学校は小学校から特別支援学校に通いました。学校では友人と関わることが好きで、いつも仲間と一緒に過ごしていました。でもたくさんの人で行動したり、運動会などでできる音などさが少ないするする様子が見られました。でも苦手な音や難しいＡさんでしたが好きな好きな物には自ら積極的に取り組む姿や、豊かな表情で周囲に気持ちを伝えることができる

○休日は家族と一緒に出かけることもありますが、お父さんとお店さんの営業をされていたこともあり、Ａさんのお出かけしたいという気持ちに応えられないことも多くなってきたことから移動支援を利用して、ヘルパーと出かけるようになりました。

○特別支援学校卒業後の進路は、就労継続支援Ｂ型事業所や生活介護事業所など3回の実習を重ねた結果、生活介護事業所を利用することになりました。

意思決定支援会議のまとめ

＜関係者から提供されたＡさんの意思を判断するための手がかりとなる情報＞

（家族）
○Ａさんは、祖母にかわいがられて育った。
○祖母が得意だった饅頭作りをうれしそうに一緒にしていた。
○饅頭を近所に配ることについて行き、人から喜ばれることがうれしそうだった。

（学校の教員）
○友だちと関わることは好きそうだった。
○静かな音楽を好んで聴いていた。
○紙に絵の具で色を塗ることは好きで、集中して取り組んでいた。
○ペットボトルのキャップの分類のような作業的なことはすぐ飽きてイスから立ち上がってしまった。

（移動支援ヘルパー）
○森の中を散歩して、鳥のさえずりを聞くとよろしそうにしていた。
○人混みなど雑音の多い場所は苦手なよう表情が険しくなったりイライラしたりと感じになってしまう。

＜手がかりとなる情報から推定される本人意思＞

・かわいがってくれる祖母のような人が好きなようだ。
・祖母のような人と一緒に饅頭などをつくることが好きなようだ。
・作った饅頭などを配り、人から喜ばれることがうれしいようだ。

・友だちと関わることは好きなようだ。
・静かな音楽は好きなようだ。
・紙に絵の具を塗るなど、創作的な活動は好きなようだ。
・ペットボトルのキャップの分類のような作業的なことはすぐ飽きてしまうようだ。

・森の中を散歩して、鳥のさえずりを聞くとうれしいようだ。
・人混みなど雑音が多い場所は、イライラして苦手なようだ。

（参考）　Ａさんの意思決定支援を反映した個別支援計画（意思決定支援計画）の作成例

利用者名　Ａ　　　　　　　　　　　　　　　　　　　　作成年月日　　　　年　　月

本人（家族）の希望	お菓子などを作ったりそれをあげたりすることで、いろんな人に喜んでもらえるとうれしい 絵を描いたり、静かな音楽を聴いたり、静かな場所で過ごすことが好き。騒がしい場所は嫌い
長期目標（内容・期間等）	Ａさんが日中活動をもっと楽しめたり、新たな楽しみを見つけられる。（6ヶ月）
短期目標（内容・期間等）	Ａさんにとって生活介護事業所が居心地の良い場所になる（3ヶ月）

□支援目標及び支援計画等

推定される本人の意思	支援内容	具体的な取組 （内容・留意点等）	支援期間 （頻度・時間・期間等）	サービス提供機関 （提供者・担当者等）	優先順位
かわいがってくれる祖母のようなんと一緒に饅頭などをつくったりお菓子作りに関わることができたら、できたお菓子を配ることを通じて、人から喜ばれることがうれしい	Ａさんが安心できるスタッフとお菓子作りを行い、できたお菓子を配るところを通してAさんに関わる機会をつくる。	・Ａさんが安心のできるスタッフとお菓子作りの活動に参加する ・本人が作業に取り組みやすいように行程や補助具などに工夫する ・必要に応じて指示や援助を行う ・騒がしくならないように配慮する	月・水・金　AM活動時・3ヶ月	生活介護事業所 Cグループ 調理活動担当D	－
静かな音楽を聞いたり、紙に絵を塗ったり、創作的な活動が好き。	静かな音楽が流れる部屋で、紙に絵を塗るなど、創作的な活動を行う。	・紙に絵の具を塗りやすいように、素材や道具を工夫する ・部屋に静かな音楽を流す ・絵の具以外の創作活動も試してみる	火・木　AM活動時・3ヶ月	生活介護事業所 Cグループ 創作活動担当E	－
友だちと関わることが好き。森の中を歩いて、鳥のさえずりを聞くことがうれしい。	友だちと一緒に、鳥のさえずりを聞きながら森の中を散歩する。	・事業所近くの森林公園内を散歩する ・一緒に散歩が楽しめる友だちとでかける	月・水・金　PM活動時・3ヶ月	生活介護事業所 Cグループ 散歩活動担当F	－

□支援開始後の見直しのための観点

意思決定支援会議の必要な項目	目的	内容	意思決定支援会議参加者	サービス提供機関（提供者・担当者等）
活動がＡさんＡの意思を反映しているか、検討するとともに、支援開始後のＡさんの様子について関係者で情報交換し、今後のＡさんの意思についてあらためて気づいたことがないか情報を共有する。	意思決定支援会議を開催し、生活介護利用後のＡさんの様子について関係者で情報交換し、共有することとともに、意思の推定を進め、活動内容を見直す。	・生活介護事業所や自宅、移動支援事業所等におけるＡさんの様子を記録に基づき共有する。 ・共有した情報に基づき、意思決定支援計画・個別支援計画の内容を見直す	・Ａさんの家族 ・生活介護事業所Cグループ担当者 ・相談支援専門員 ・移動支援事業者 ・意思決定支援管理責任者（任意）	生活介護事業所 Cグループ 各活動担当者 サービス管理責任者

（参考）Ｂさんの意思決定支援のためのアセスメント表

意思決定支援のためのアセスメント表

＜意思決定支援が必要な項目＞

Ｂさんがこれからどのような場所でどのような生活をしていきたいのか？

＜これまでの生活史＞

○Ｂさんは会社員（当時35歳）のお父さんと専業主婦のお母さん（当時30歳）との間に昭和〇年に生まれました。また、Ｂさんには5歳年下の弟がいます。特に重い病気にかかることなく育ちましたが、2歳になっても言葉を話しませんでした。そして3歳児健診で知的な発達に障害があること、自閉症であることがわかりました。その後、Ｂさんはお母さんと一緒に地域の障害児通園施設に通って、言葉を出やすくするような療育活動に参加したりしましたが、自分のやりたいことができなかったりするときにパニックになって大きな声をだしたり、周囲の人に噛みついてしまったりすることが増えていきました。その後、小学生になりましたが、地域の学校ではなく特別支援学校にバスに乗って通うようになりました。特別支援学校では先生が工夫して次の行動がわかりやすいように絵などで説明してくれるようになりました。それで、次に何をすればいいのかがわかりしずつ見つかるようになりました。パニックになることも少しづつ減ってきました。中学校と高校は特別支援学校に通いました。小さい頃から身の回りのことはお母さんがすべてやってくれるので、食事などはすべてお父さんがドライブに連れて行ってくれたり、服などはお母さんが表を沸かして作るようにしておいてくれるので作ることもありました。休みの日はお父さんがドライブに連れて行ってくれました。ドライブもいつも同じコースでないと不安になりました。ドライブの途中でコンビニエンスストアによって好きなお菓子を買うのが楽しみでした。Ｂさんは特別支援学校の高等部を卒業する時、お母さんの介護を担当心配した進路指導の先生から入所施設利用を勧められました。お母さんが働かなくてはならなくなり、お母さんとＢさんはお母さんと一緒に暮らせるように考えましたが、年少の弟の世話や仕事をしながら私の身の回りの世話まではできないので、Ｂさんは入所施設を利用することになりました。

意思決定支援会議のまとめ

＜関係者からの情報＞	＜推定される本人意思＞
○日常的なスケジュールが変わると落ち着きがなくなく不安そうにしていた。（家族）	○生活場面が変わると不安定になる状態になる恐れがあるので、このままの生活を続けたいのではないか。
○自宅では自分でお湯を沸かしてカップラーメンを作って食べる事がある。（家族） ○施設では自分でお湯を沸かしたりカップラーメンを作る場面がなかった。（入所施設職員）	○自分で食べたいものを調理して作れるような暮らしがしたいのではないか。
○目の前にある洋服や食べ物の中から自分が気に入った物を選んだり、絵カードや写真カードを見て、その日に行う活動を選べる。（入所施設職員）	○今は入所施設での生活しか経験がないので、他にどのような暮らしがあるか知らないので決められないのではないか。

（参考）Bさんの意思決定支援を反映したサービス等利用計画（意思決定支援計画）の作成例

利用者氏名（児童氏名）	B	障害支援区分	4	相談支援事業名	C
障害福祉サービス受給者証番号	○○○○○○○○	利用者負担上限額	0	計画作成担当者 意思決定支援責任者	D
地域相談支援受給者証番号		通所受給者証番号			
計画作成日	○年○月○日	モニタリング期間（開始年月）	1ヶ月	利用者同意署名欄	B

利用者の生活に対する意向：
慣れて落ち着いた今の施設での生活を変えることで、落ち着きがなく不安定になってしまうかもしれないので、生活の場を変えたくないと思う一方、自分でお湯を沸かしてカップラーメンを食べたりなど、自分でできる事をしながら、より自由で広がりのある生活もしたいという思いもある。絵やカードや写真を見て、その日の行う活動を選んだりするよりも、実際に色々な活動を経験したり体験したりして選ぶことができるので、施設の生活も実際に経験し比較してみることと、施設の生活も実際に経験し比較してみることで、体験比べて選ぶことができるよう意思決定支援する。

総合的な援助の方針：
グループホームの体験利用により、本人が今の施設での生活とグループホームの生活を実際に経験し比較してみることで、体験比べて選ぶことができるよう意思決定支援する。

□意思決定支援内容

	意思決定支援が必要な項目	到達目標	支援内容	本人の役割	支援担当者（機関）
1	今の施設での生活を変えることで、落ち着きがなく不安定になってしまうかもしれないので、生活の場を変えたくないと思う一方、より自由で広がりのある生活もしたいという思いもあるので、自分でできるのではないかと思う。本人が、グループホームの生活を経験し比較してみることで、施設の生活と比べてできるのではないのではないか。	体験利用を通じて、グループホームの生活を経験し、今の施設の生活と比べてどちらで生活するのが本人の意思なのかが決めることができる。	(1)グループホームの体験利用についてできるだけ分かりやすい方法で説明する。(2)施設で使っているカードやスケジュールをグループホームの場合、今の施設でのカードやスケジュールと混乱しないよう配慮する。(3)体験後の様子についても記録する。(4)グループホームの体験利用終了後、意思決定支援協議を開催して本人の意思について確認する。	グループホームを体験利用し、より自由に広げて生活できるか試してみる。その結果、今の施設での生活とグループホームの生活とを比べて、どちらが生活しやすいか意思を表明できる。	(1)相談支援専門員、サービス管理責任者（グループホーム）(2)グループホームのサービス管理責任者、生活支援員(3)グループホームの生活支援員(4)本人、成年後見人、相談支援協議会、グループホーム関係者、施設関係者

ロサービス等利用内容

優先順位	解決すべき課題（本人のニーズ）	支援目標	達成時期	福祉サービス等（種類・内容・量（頻度・時間））		課題解決のための本人の役割	評価時期	その他留意事項	提供事業者名（担当者名・電話）
1	グループホームを体験利用し、より自由に広げて生活できるか試してみる。その結果、今の施設での生活とグループホームの生活とを比べて、どちらが生活しやすいか本人が何らかの形で意思を表明できる。	体験利用を通じて、グループホームの生活を経験し、今の施設の生活と比べてどちらで生活するのが本人の意思なのかが決めることができるよう意思決定支援を行う。	1ヶ月後	共同生活援助（体験利用）	30日	グループホームを体験利用し、より自由に広げて生活してみる。その結果、今の施設での生活とグループホームの生活とを比べて、どちらが生活しやすいか意思を表明できる。	1ヶ月後	生活の中での本人の様子、特に表情などについて詳細に記録し、本人への希望を把握する。施設間で使っているカードやスケジュールをグループホームでも使い、混乱しないよう配慮する。	グループホームの○○
2									
3									

平成　年　月　日　利用者名　B　印　サービス管理責任者（意思決定支援責任者）　D　印

関係法規等【抜粋】

世界人権宣言

第一条

　すべての人間は、生れながらにして自由であり、かつ、尊厳と権利とについて平等である。人間は、理性と良心とを授けられており、互いに同胞の精神をもって行動しなければならない。

児童の権利に関する条約

第十二条

1　締約国は、自己の意見を形成する能力のある児童がその児童に影響を及ぼすすべての事項について自由に自己の意見を表明する権利を確保する。この場合において、児童の意見は、その児童の年齢及び成熟度に従って相応に考慮されるものとする。

2　このため、児童は、特に、自己に影響を及ぼすあらゆる司法上及び行政上の手続において、国内法の手続規則に合致する方法により直接に又は代理人若しくは適当な団体を通じて聴取される機会を与えられる。

障害者の権利に関する条約

（前文　略）

第一条　目的

　この条約は、全ての障害者によるあらゆる人権及び基本的自由の完全かつ平等な享有を促進し、保護し、及び確保すること並びに障害者の固有の尊厳の尊重を促進することを目的とする。

　障害者には、長期的な身体的、精神的、知的又は感覚的な機能障害であって、様々な障壁との相互作用により他の者との平等を基礎として社会に完全かつ効果的に参加することを妨げ得るものを有する者を含む。

第三条　一般原則

この条約の原則は、次のとおりとする。

(a)　固有の尊厳、個人の自律（自ら選択する自由を含む。）及び個人の自立の尊重

(b)　無差別

(c)　社会への完全かつ効果的な参加及び包容

(d)　差異の尊重並びに人間の多様性の一部及び人類の一員としての障害者の受入れ

(e)　機会の均等

(f)　施設及びサービス等の利用の容易さ

(g)　男女の平等

(h)　障害のある児童の発達しつつある能力の尊重及び障害のある児童がその同一性を保持する権利の尊重

第五条　平等及び無差別

1　締約国は、全ての者が、法律の前に又は法律に基づいて平等であり、並びにいかなる差別もなしに法律による平等の保護及び利益を受ける権利を有することを認める。

2　締約国は、障害に基づくあらゆる差別を禁止するものとし、いかなる理由による差別に対しても平等かつ効果的な法的保護を障害者に保障する。

3　締約国は、平等を促進し、及び差別を撤廃することを目的として、合理的配慮が提供されることを確保するための全ての適当な措置をとる。

4　障害者の事実上の平等を促進し、又は達成するために必要な特別の措置は、この条約に規定する差別と解してはならない。

第七条　障害のある児童

1　締約国は、障害のある児童が他の児童との平等を基礎として全ての人権及び基本的自由を完全に享有することを確保するための全ての必要な措置をとる。

2　障害のある児童に関する全ての措置をとるに当たっては、児童の最善の利益が主として考慮されるものとする。

3 締約国は、障害のある児童が、自己に影響を及ぼす全ての事項について自由に自己の意見を表明する権利並びにこの権利を実現するための障害及び年齢に適した支援を提供される権利を有することを確保する。この場合において、障害のある児童の意見は、他の児童との平等を基礎として、その児童の年齢及び成熟度に従って相応に考慮されるものとする。

第十二条　法律の前にひとしく認められる権利

1　締約国は、障害者が全ての場所において法律の前に人として認められる権利を有することを再確認する。

2　締約国は、障害者が生活のあらゆる側面において他の者との平等を基礎として法的能力を享有することを認める。

3　締約国は、障害者がその法的能力の行使に当たって必要とする支援を利用する機会を提供するための適当な措置をとる。

4　締約国は、法的能力の行使に関連する全ての措置において、濫用を防止するための適当かつ効果的な保障を国際人権法に従って定めることを確保する。当該保障は、法的能力の行使に関連する措置が、障害者の権利、意思及び選好を尊重すること、利益相反を生じさせず、及び不当な影響を及ぼさないこと、障害者の状況に応じ、かつ、適合すること、可能な限り短い期間に適用されること並びに権限のある、独立の、かつ、公平な当局又は司法機関による定期的な審査の対象となることを確保するものとする。当該保障は、当該措置が障害者の権利及び利益に及ぼす影響の程度に応じたものとする。

5　締約国は、この条の規定に従うことを条件として、障害者が財産を所有し、又は相続し、自己の会計を管理し、及び銀行貸付け、抵当その他の形態の金融上の信用を利用する均等な機会を有することについての平等の権利を確保するための全ての適当かつ効果的な措置をとるものとし、障害

者がその財産を恣意的に奪われないことを確保する。

第十七条　個人をそのままの状態で保護すること

全ての障害者は、他の者との平等を基礎として、その心身がそのままの状態で尊重される権利を有する。

第十九条　自立した生活及び地域社会への包容

この条約の締約国は、全ての障害者が他の者と平等の選択の機会をもって地域社会で生活する平等の権利を有することを認めるものとし、障害者が、この権利を完全に享受し、並びに地域社会に完全に包容され、及び参加することを容易にするための効果的かつ適当な措置をとる。この措置には、次のことを確保することによるものを含む。

(a)　障害者が、他の者との平等を基礎として、居住地を選択し、及びどこで誰と生活するかを選択する機会を有すること並びに特定の生活施設で生活する義務を負わないこと。

(b)　地域社会における生活及び地域社会への包容を支援し、並びに地域社会からの孤立及び隔離を防止するために必要な在宅サービス、居住サービスその他の地域社会支援サービス（個別の支援を含む。）を障害者が利用する機会を有すること。

(c)　一般住民向けの地域社会サービス及び施設が、障害者にとって他の者との平等を基礎として利用可能であり、かつ、障害者のニーズに対応していること。

障害者権利委員会　一般的意見第1号

障害者権利委員会　第11回セッション
2014年3月31日─4月11日

一般的意見第1号（2014年）
第12条：法律の前における平等な承認

2014年4月11日採択、2014年5月19日版

Ⅰ. 序論

1. 法律の前における平等は、人権保護の基本的な一般原則であり、他の人権の行使に不可欠である。世界人権宣言と市民的及び政治的権利に関する国際規約では、法律の前における平等の権利を特に保障している。障害者権利条約第12条では、この市民的権利の内容をさらに詳しく説明し、障害のある人が、従来権利を否定されてきた分野に焦点を合わせている。第12条では、障害のある人の権利を新たに付け加えることはせず、障害のある人の法律の前における平等の権利を、他の者との平等を基礎として確保するために、締約国が考慮しなければならない具体的な要素について、説明しているにすぎない。

（略）

Ⅱ. 第12条の規範的内容

第12条第1項

11. 第12条第1項では、障害のある人が、法律の前に人として認められる権利を有することを再確認している。これは、あらゆる人間が、法的人格を所有する人として尊重されることを保障するものである。これは人の法的能力の承認のための前提条件である。

第12条第2項

12. 第12条第2項は、障害のある人が、生活のあらゆる側面において、他の者との平等を基礎として法的能力を享有することを認めている。法的能力には、権利所有者になる能力と、法律の下で

の行為者になる能力の両方が含まれる。権利所有者になる法的能力により、障害のある人は、その権利を法制度によって完全に保護される資格を得る。法律の下での行為者になる能力により、人は、取引に携わり、法的な関係全般を構築し、修整し、あるいは終結させる権限を伴う主体として認められる。法的主体として認められる権利は、条約第12条第5項で規定されており、そこでは締約国の義務について、「財産の所有又は相続についての、自己の財務管理についての並びに銀行貸付、抵当その他の形態の金融上の信用への平等なアクセスについての障害のある人の平等な権利を確保するためのすべての適切かつ効果的な措置をとる。締約国は、また、障害のある人がその財産を恣意的に奪われないことを確保する」と、概説している。

13. 法的能力と意思決定能力とは、異なる概念である。法的能力は、権利と義務を所有し（法的地位）、これらの権利と義務を行使する（法的主体性）能力である。それは社会への有意義な参加のための重要な鍵となる。意思決定能力とは、個人の意思決定スキルを言い、当然、人によって異なり、同じ人でも、環境要因及び社会的要因など、多くの要因によって変化する可能性がある。これまで、世界人権宣言（UDHR）（第6条）、市民的及び政治的権利に関する国際規約（ICCPR）（第16条）及び女子に対するあらゆる形態の差別の撤廃に関する条約（CEDAW）（第15条）などの法律文書において、意思決定能力と法的能力は明確に区別されてこなかった。現在、障害者権利条約（第12条）は、「精神の異常」とその他の差別的レッテルが、法的能力（法的地位と法的主体性）の否定の合法的な理由にはならないことを明確に謳っている。条約第12条の下では、認識された、あるいは実際の意思決定能力の不足が、法的能力の否定を正当化するものとして利用されてはならない。

14. 法的能力は、障害のある人を含むすべての

人に与えられる固有の権利である。指摘されたように、これは二つの要素から成る。第一の要素は、権利を有し、法律の前に法的人格として認められる法的地位である。これには、たとえば、出生証明書を得ること、医療扶助を求めること、選挙人名簿に登録することと、パスポートを申請することが含められる。第二の要素は、これらの権利に基づいて行動し、それらの行動を法律で認めてもらう法的主体性である。障害のある人が、しばしば否定され、あるいは制限されるのは、この要素である。たとえば、障害のある人の財産の所有は法律で認められているが、その売買に関する行動は必ずしも尊重されていない。法的能力とは、障害のある人を含むすべての人が、単に人間であるという理由に基づき、法的地位と法的主体性を有することを意味する。それゆえ、法的能力に関するこれらの要素はともに、障害のある人が実現すべき法的能力の権利として認められなければならない。これらは分けることはできないのである。

意思決定能力という概念は、それ自体、極めて議論の余地がある。それは、一般的に示されるような客観的、科学的及び自然発生的な現象ではない。意思決定能力は、意思決定能力の評価において支配的な役割を果たす領域、専門職、慣行がそうであるように、社会的及び政治的文脈に左右される。

１５．これまで委員会が審査してきた締約国の報告の大半において、意思決定能力と法的能力の概念は同一視され、多くの場合、認知障害又は心理社会的な障害により意思決定スキルが低下していると見なされた者は、結果的に、特定の決定を下す法的能力を排除されている。これは単純に、機能障害という診断に基づいて（状況に基づくアプローチ）、あるいは、否定的な結果をもたらすと考えられる決定を本人が行っている場合（結果に基づくアプローチ）、もしくは、本人の意思決定スキルが不足していると見なされる場合（機能に基づく

アプローチ）に決定される。機能に基づくアプローチでは、意思決定能力の評価と、その結果としての法的能力の否定が試みられる。ある決定の性質と結果を理解できるかどうか、及び／又は関連情報を利用したり、比較検討したりできるかどうかによって決まることが多い。機能に基づくこのアプローチは、二つの重要な理由から誤っている。(a)それは障害のある人に対して差別的な方法で適用されている。(b)それは人間の内なる心の動きを正確に評価できるということと、その評価に合格しない場合、法の前における平等な承認の権利という、中核となる人権を否定できるということを前提としている。これらのアプローチのすべてにおいて、障害及び／又は意思決定スキルが、個人の法的能力を否定し、法律の前における人としての地位を下げる合法的な理由と見なされている。第12条は、法的能力に対するそのような差別的な否定を許容するものではなく、むしろ、法的能力の行使における支援の提供を義務付けるものである。

第12条第3項

１６．第12条第3項では、障害のある人がその法的能力の行使に当たり必要とする支援にアクセスすることができるようにする義務を、締約国が有すると認めている。締約国は、障害のある人の法的能力を否定することを避けなければならず、むしろ、障害のある人が法的効力のある決定を下せるようになるために必要と考えられる支援へのアクセスを提供しなければならない。

１７．法的能力の行使における支援では、障害のある人の権利、意思及び選好を尊重し、決して代理人による意思決定を行うことになってはならない。第12条第3項は、どのような形式の支援を行うべきかについては具体的に定めていない。「支援」とは、さまざまな種類と程度の非公式な支援

178

と公式な支援の両方の取り決めを包含する、広義の言葉である。たとえば、障害のある人は、1人又はそれ以上の信頼のおける支援者を選び、特定の種類の意思決定にかかわる法的能力の行使を援助してもらうことや、ピアサポート、（当事者活動の支援を含む）権利擁護、あるいはコミュニケーション支援など、その他の形態の支援を求めることができる。障害のある人の法的能力の行使における支援には、例えば、銀行及び金融機関などの官民のアクターに対し、障害のある人が銀行口座の開設や、契約の締結、あるいはその他の社会的取引の実行に必要な法的行為を遂行できるように、理解しやすいフォーマットでの提供や専門の手話通訳者の提供を義務付けるなど、ユニバーサルデザインとアクセシビリティに関する措置も含まれる場合がある。また、特に意思と選好を表明するために非言語型コミュニケーション形式を使用している者にとっては、従来にない多様なコミュニケーション方法の開発と承認も支援となり得る。障害のある多くの人にとって、事前計画が可能であるということは、支援の重要な一形態であり、これにより自らの意思と選好を示すことができ、他者に希望を伝えられない状況にある場合は、これに従ってもらうことになる。障害のあるすべての人には、事前計画に参加する権利があり、他の者との平等を基礎として、その機会が与えられなければならない。締約国は、さまざまな形の事前の計画の仕組みの選択肢を、多様な選好に合わせて提供することができるが、すべての選択肢は非差別的でなければならない。事前計画のプロセスを完了することを求められた場合、個別に支援が提供されなければならない。事前の指示が効力を持つようになる（及び効力を失う）時点は、障害当事者によって決定され、指示の本文に記載されなければならず、当事者の意思決定能力が不足しているという評価に基づいて決定されてはならない。

１８．提供される支援の種類と程度は、障害のある人の多様性のために、人によって著しく異なる。これは、条約の一般原則の1つとして、「差異の尊重、並びに人間の多様性の一環及び人類の一員としての障害のある人の受容」を定めた第3条（d）と一致している。個人の自律と障害のある人の意思決定能力は、危機的状況下を含め、常に尊重されなければならない。

１９．障害のある人の中には、第12条第2項にある、他の者との平等を基礎とした法的能力の権利の承認のみを追求し、第12条第3項に規定されている支援を受ける権利の行使を希望しない者もいる。

第12条第4項

２０．第12条第4項は、法的能力の行使を支援するシステムになくてはならない保護措置の概要を説明している。第12条第4項は、第12条の他の部分及び条約全体と併せて理解されなければならない。それは締約国に対し、法的能力行使のための適切かつ効果的な保護措置を創設することを義務付けている。これらの保護措置のおもな目的は、個人の権利、意思及び選好の尊重を確保することでなければならない。これを達成するために、保護措置により、他の者との平等を基礎として、濫用からの保護を提供しなければならない。

２１．著しい努力がなされた後も、個人の意思と選好を決定することが実行可能ではない場合、「意思と選好の最善の解釈」が「最善の利益」の決定に取ってかわらなければならない。これにより、第12条第4項に従い、個人の権利、意思及び選好が尊重される。「最善の利益」の原則は、成人に関しては、第12条に基づく保護措置ではない。障害のある人による、他の者との平等を基礎とした法的能力の権利の享有を確保するには、「意思と選

現場で活かせる意思決定支援 ❋ 179

好」のパラダイムが「最善の利益」のパラダイムに取ってかわらなければならない。

２２．すべての人は「不当な影響」の対象となる危険があるが、意思決定を他者の支援に依存している者の場合、これが悪化する可能性がある。不当な影響は、支援者と被支援者の相互作用の質として、恐怖、敵意、脅威、欺瞞又は改ざんの兆候が見られることを特徴とする。法的能力の行使に関する保護措置には、不当な影響からの保護を含めなければならない。しかし、この保護は、危険を冒し、間違いを犯す権利を含む、個人の権利、意思及び選好を尊重するものでもなければならない。

（略）

Ⅲ. 締約国の義務

２４．締約国は、あらゆる種類の障害のあるすべての人の、法律の前における平等な承認の権利を尊重し、保護し、実現する義務を有する。この点に関して、締約国は、障害のある人の、法律の前における平等な承認の権利を剥奪するいかなる行動も避けなければならない。締約国は、障害のある人が法的能力の権利を含む人権を実現し、享有する能力を、非国家主体及び民間人が妨害しないようにするために、行動を起こさなければならない。法的能力の行使を支援する目的の１つは、障害のある人の自信とスキルを確立し、彼らが将来望むなら、より少ない支援でその法的能力を行使できるようにすることである。締約国は、支援を受ける人が法的能力の行使において、支援を減らしてもよいとき、あるいは支援を必要としなくなったときに、その判断が下せるように、研修を行う義務を有する。

２５．すべての人が（障害や意思決定スキルにかかわらず）生まれながらに持つとされる法的能力、すなわち「普遍的な法的能力」を、全面的に認めるには、締約国は、目的又は効果において障害に基づく差別となる法的能力の否定を廃止しなければならない。（注２）

（略）

２９．支援付き意思決定制度は、個人の意思と選好に第一義的重要性を与え、人権規範を尊重するさまざまな支援の選択肢から成る。それは、自律に関する権利（法的能力の権利、法律の前における平等な承認の権利、居所を選ぶ権利など）を含むすべての権利と、虐待及び不適切な扱いからの自由に関する権利（生命に対する権利、身体的なインテグリティを尊重される権利など）を保護するものでなければならない。さらに、支援付き意思決定システムは、障害のある人の生活を過剰に規制するものであってはならない。支援付き意思決定制度は、多様な形態をとる可能性があり、それらすべてに、条約第12条の順守を確保するための特定の重要な規定が盛り込まれなければならない。それには、以下が含まれる。

（a）支援付き意思決定は、すべての人が利用可能でなければならない。個人の支援ニーズのレベル（特にニーズが高い場合）が、意思決定の支援を受ける上での障壁となってはならない。

（b）法的能力の行使におけるあらゆる形式の支援（より集約的な形式の支援を含む。）は、客観的に見て個人の最善の利益と認識されることではなく、個人の意思と選好に基づいて行われなければならない。

（c）個人のコミュニケーション形態は、たとえそのコミュニケーションが従来にないものであっても、あるいは、ほとんどの人に理解されないものであっても、意思決定の支援を受ける上での障壁となってはならない。

(d) 個人によって正式に選ばれた支援者の法的承認が利用可能であり、かつ、これを利用する機会が与えられなければならず、国は、特に孤立しており、地域社会で自然に発生する支援へのアクセスを持たない可能性がある人々のために、支援の創出を促進する義務を有する。これには、第三者が支援者の身元を確認する仕組みと、支援者が当事者の意思と選好に基づいた行動をしていないと第三者が考える場合、支援者の行動に対して第三者が異議を申し立てられる仕組みを含めなければならない。

(e) 条約第12条第3項に定められている、締約国は必要とする支援に「アクセスすることができるようにするための」措置をとらなければならないという要件に従うため、締約国は、障害のある人がわずかな料金で、あるいは無料で、支援を利用でき、財源不足が法的能力の行使における支援にアクセスする上での障壁とならないことを確保しなければならない。

(f) 意思決定の支援は、障害のある人の他の基本的権利、特に、投票する権利、婚姻をし（あるいは市民パートナーシップを確立し）、家族を形成する権利、性と生殖の権利、親の権利、親密な関係と医学的治療に関して同意する権利、自由の権利を制限する正当な理由として、利用されてはならない。

(g) 人は、いかなる時点でも、支援を拒否し、支援関係を終了し、あるいは変更する権利を持つものとする。

(h) 法的能力と、法的能力の行使における支援にかかわるあらゆるプロセスについて、保護措置が設けられなければならない。保護措置の目標は、個人の意思と選好の尊重を確保することである。

(i) 法的能力の行使における支援の提供は、意思決定能力の評価に左右されるべきではない。法的能力の行使における支援の提供では、支援のニーズに関する新しい非差別的な指標が必要とされている。

３０．法律の前における平等の権利は、市民的及び政治的権利に関する国際規約に根ざし、市民的及び政治的権利として長年認められてきた。市民的及び政治的権利は、条約批准の瞬間に付随するもので、締約国はこれらの権利を直ちに実現するための措置をとる必要がある。しかるに、第12条に定められている権利は、批准の瞬間に適用され、即時の実現の対象となる。第12条（3）にある、法的能力の行使のための支援に対するアクセスを提供するという締約国の義務は、法律の前における平等な承認に向けた市民的及び政治的権利の実現に必要な締約国の義務なのである。漸進的実現（第4条第2項）は、第12条には適用されない。締約国は、批准時に、第12条にある権利の実現に向けた措置をとることを、ただちに始めなければならない。これらの措置は、慎重な検討の上、十分に計画されたものでなければならず、障害のある人及びその団体と協議し、その有意義な参加を得なければならない。

IV. 条約の他の規定との関係

（略）

第5条：平等及び非差別

３４．非差別には、法的能力の行使において合理的配慮（第5条第3項）を受ける権利が含まれる。合理的配慮は、条約第2条で、「障害のある人が他の者との平等を基礎としてすべての人権及び基本的自由を享有し又は行使することを確保するための必要かつ適切な変更及び調整であって、特定の場合に必要とされるものであり、かつ、不釣合いな又は過重な負担を課さないもの」と定義されている。法的能力の行使において合理的配慮を受け

る権利は、法的能力の行使において支援を受ける権利とは別であり、これを補完するものである。締約国は、障害のある人が法的能力を行使できるよう、不釣り合いな又は過剰な負担ではない限り、変更や調整を行う義務がある。そのような変更や調整には、裁判所、銀行、社会福祉事務所、投票所などの生活に不可欠な建物へのアクセス、法的効力を有する決定に関するアクセシブルな情報、パーソナルアシスタンスが含められるが、これらに限定されない。法的能力の行使において支援を受ける権利は、不釣り合いな又は過重な負担の主張によって制限されてはならない。国は、法的能力の行使における支援へのアクセスを提供する、明白な義務を有する。

（略）

第19条：自立した生活と地域社会へのインクルージョン

４４．第12条に定められている権利を完全に実現するには、障害のある人がその意思と選好を育み、表明する機会を持つことが、他の者との平等を基礎とした法的能力の行使に欠かせない。これは、第19条に定められているように、障害のある人が他の者との平等を基礎として、地域社会で自立した生活を送り、選択し、日々の生活を管理する機会を持たなければならないということである。

４５．地域社会における生活の権利（第19条）を踏まえて第12条第3項を解釈すると、法的能力の行使における支援は、地域に根ざしたアプローチを通じて提供されなければならないということになる。締約国は、さまざまな支援の選択肢に関する認識の向上など、どのような種類の支援が法的能力の行使に必要かを学ぶプロセスにおいて、地域社会が有用な資源であり、パートナーであるこ

とを認めなければならない。締約国は、障害のある人の社会的ネットワークと、地域社会による自然発生的な支援（友人、家族及び学校など）を、支援付き意思決定への重要な鍵として認めなければならない。これは、地域社会への障害のある人の完全なインクルージョンと参加を条約が重視していることと一致する。

（略）

（注2）障害者の権利に関する条約（the Convention on the Rights of Persons with Disabilities）第2条、第5条を参照のこと。

原文：
United Nations
CRPD/C/GC/1
Convention on the Rights of Persons with Disabilities
Distr.: General
19 May 2014
ADVANCE UNEDITED VERSION
Original: English
Committee on the Rights of Persons with Disabilities
Eleventh session
31 March -11 April 2014
General comment No 1 (2014)
Article 12: Equal recognition before the law
http://tbinternet.ohchr.org/_layouts/treatybodyexternal/Download.aspx?symbolno=CRPD/C/GC/1&Lang=en
Office of the High Commissioner for Human Rights.United Nations Human Rights.
http://www.ohchr.org/EN/HRBodies/CRPD/Pages/CRPDIndex.aspx
仮訳：日本障害者リハビリテーション協会
DINF（公益財団法人日本障害者リハビリテーション協会）サイト引用
引用元：障害者権利委員会『一般的意見第1号（2014年）第12条：法律の前における平等な承認
2014年4月11日採択、2014年5月19日版』第11回セッション 2014年3月31日—4月11日,
http://www.dinf.ne.jp/doc/japanese/rights/rightafter/crpd_gc1_2014_article12_0519.html

日本国憲法

第十三条

すべて国民は、個人として尊重される。生命、自由及び幸福追求に対する国民の権利については、公共の福祉に反しない限り、立法その他の国政の上で、最大の尊重を必要とする。

障害者基本法

（相談等）

第二十三条

国及び地方公共団体は、障害者の意思決定の支援に配慮しつつ、障害者及びその家族その他の関係者に対する相談業務、成年後見制度その他の障害者の権利利益の保護等のための施策又は制度が、適切に行われ又は広く利用されるようにしなければならない。

2　国及び地方公共団体は、障害者及びその家族その他の関係者からの各種の相談に総合的に応ずることができるようにするため、関係機関相互の有機的連携の下に必要な相談体制の整備を図るとともに、障害者の家族に対し、障害者の家族が互いに支え合うための活動の支援その他の支援を適切に行うものとする。

障害者総合支援法

（指定障害福祉サービス事業者及び指定障害者支援施設等の設置者の責務）

第四十二条

指定障害福祉サービス事業者及び指定障害者支援施設等の設置者（以下「指定事業者等」という。）は、障害者等が自立した日常生活又は社会生活を営むことができるよう、障害者等の意思決定の支援に配慮するとともに、市町村、公共職業安定所その他の職業リハビリテーションの措置を実施する機関、教育機関その他の関係機関との緊密な連携を図りつつ、障害福祉サービスを当該障害者等の意向、適性、障害の特性その他の事情に応じ、常に障害者等の立場に立って効果的に行うように努めなければならない。

2　指定事業者等は、その提供する障害福祉サービスの質の評価を行うことその他の措置を講ずることにより、障害福祉サービスの質の向上に努めなければならない。

3　指定事業者等は、障害者等の人格を尊重するとともに、この法律又はこの法律に基づく命令を遵守し、障害者等のため忠実にその職務を遂行しなければならない。

知的障害者福祉法

（支援体制の整備等）

第十五条の三

市町村は、知的障害者の意思決定の支援に配慮しつつ、この章に規定する更生援護、障害者の日常生活及び社会生活を総合的に支援するための法律　の規定による自立支援給付及び地域生活支援事業その他地域の実情に応じたきめ細かな福祉サービスが積極的に提供され、知的障害者が、心身の状況、その置かれている環境等に応じて、自立した日常生活及び社会生活を営むために最も適切な支援が総合的に受けられるように、福祉サービスを提供する者又はこれらに参画する者の活動の連携及び調整を図る等地域の実情に応じた体制の整備に努めなければならない。

2　市町村は、前項の体制の整備及びこの章に規定する更生援護の実施に当たつては、知的障害者が引き続き居宅において日常生活を営むことができるよう配慮しなければならない。

児童福祉法

第二節　居宅生活の支援

第二款　指定障害児通所支援事業者

第二十一条の五の十七

指定障害児通所支援事業者及び指定発達支援医療機関の設置者（以下「指定障害児事業者等」という。）は、障害児が自立した日常生活又は社会生活を営むことができるよう、障害児及びその保護者の意思をできる限り尊重するとともに、行政機関、教育機関その他の関係機関との緊密な連携を図りつつ、障害児通所支援を当該障害児の意向、適性、障害の特性その他の事情に応じ、常に障害児及びその保護者の立場に立つて効果的に行うように努めなければならない。

2　指定障害児事業者等は、その提供する障害児通所支援の質の評価を行うことその他の措置を講ずることにより、障害児通所支援の質の向上に努めなければならない。

3　指定障害児事業者等は、障害児の人格を尊重するとともに、この法律又はこの法律に基づく命令を遵守し、障害児及びその保護者のため忠実にその職務を遂行しなければならない。

第四節　障害児入所給付費、高額障害児入所給付費及び特定入所障害児食費等給付費並びに障害児入所医療費の支給
第二款　指定障害児入所施設等
第二十四条の十一

指定障害児入所施設等の設置者は、障害児が自立した日常生活又は社会生活を営むことができるよう、障害児及びその保護者の意思をできる限り尊重するとともに、行政機関、教育機関その他の関係機関との緊密な連携を図りつつ、障害児入所支援を当該障害児の意向、適性、障害の特性その他の事情に応じ、常に障害児及びその保護者の立場に立つて効果的に行うように努めなければならない。

2　指定障害児入所施設等の設置者は、その提供する障害児入所支援の質の評価を行うことその他の措置を講ずることにより、障害児入所支援の質の向上に努めなければならない。

3　指定障害児入所施設等の設置者は、障害児の

人格を尊重するとともに、この法律又はこの法律に基づく命令を遵守し、障害児及びその保護者のため忠実にその職務を遂行しなければならない。

第五節　障害児相談支援給付費及び特例障害児相談支援給付費の支給
第二款　指定障害児相談支援事業者
第二十四条の三十

指定障害児相談支援事業者は、障害児が自立した日常生活又は社会生活を営むことができるよう、障害児及びその保護者の意思をできる限り尊重するとともに、行政機関、教育機関その他の関係機関との緊密な連携を図りつつ、障害児相談支援を当該障害児の意向、適性、障害の特性その他の事情に応じ、常に障害児及びその保護者の立場に立つて効果的に行うように努めなければならない。

2　指定障害児相談支援事業者は、その提供する障害児相談支援の質の評価を行うことその他の措置を講ずることにより、障害児相談支援の質の向上に努めなければならない。

3　指定障害児相談支援事業者は、障害児の人格を尊重するとともに、この法律又はこの法律に基づく命令を遵守し、障害児及びその保護者のため忠実にその職務を遂行しなければならない。

■委員名簿（五十音順）

委 員 長　田口　道治（岐阜県：デイセンターあゆみの家）

副委員長　井上　博（山形県：向陽園）

委　　員　河原　雄一（神奈川県：湘南ゆうき村）

　　　　　服部　敏寛（山梨県：サポートセンターハロハロ一番館）

　　　　　古川　敬（福島県：いわき光成園）

　　　　　松崎　貴之（福岡県：北九州市手をつなぐ育成会）

　　　　　宮下　智（長野県：明星学園）

　　　　　山下　望（東京都：かすみの里）

　　　　　山本　家弘（北海道：日高圏域障がい者総合相談支援センターこみっと）

専門委員　沖倉　智美（東京都：大正大学）

　　　　　小澤　温（東京都：筑波大学大学院）

　　　　　川島　志保（神奈川県：川島法律事務所）

■執筆分担一覧

知的障害者の意思決定支援ガイドブック

現場で活かせる意思決定支援

「わたしたちのことを、わたしたち抜きに決めないで」の実現に向けて

プロローグ	：	宮下　智
序　章	：	川島　志保
第1章	：	小澤　温
第2章	：	太田　和男
第3章1	：	田口　道治
第3章2、コラムⅠ	：	古川　敬
第4章1（1）	：	服部　敏寛
第4章1（2）①	：	河原　雄一
第4章1（2）②、コラムⅡ	：	山下　望
第4章2（1）	：	宮下　智
第4章2（2）	：	松崎　貴之
第4章3	：	山本　家弘
第5章	：	井上　博
終　章	：	沖倉　智美

知的障害者の意思決定支援ガイドブック

現場で活かせる意思決定支援

「わたしたちのことを、わたしたち抜きに決めないで」の実現に向けて

2017年7月1日　初版第1刷発行
　　　　10月1日　第2刷発行

編　集　知的障害者の意思決定支援等に関する委員会
発行者　公益財団法人日本知的障害者福祉協会
　　　　〒105-0013　東京都港区浜松町2丁目7番19号　KDX浜松町ビル6F
　　　　TEL　03-3438-0466（代表）/　FAX　03-3431-1803
　　　　URL　http://www.aigo.or.jp/
印刷所　株式会社　第一印刷所
表紙デザイン　白木原　誠

Printed in Japan

ISBN978-4-902117-57-8　　　　　　定価はカバーに表示してあります。

著作権法上の例外及び公益財団法人日本知的障害者福祉協会が許諾した場合を除き、本書の一部あるいは全部を無断で複写、複製、転載することは禁じられています。